実録

凡《ぼん》人《じん》でもできる！

ネット通販で10年以上安定して稼ぐ起業・経営術

エモーションズ株式会社
代表取締役
新井賢二

とりい書房

はじめに

公園から子どもたちの元気な声が聞こえてきます。夕暮れが近づくにつれ、しだいにあたりは橙色に染まり、人の影が伸びていくのです。大きな木の陰に隠れるようにして、私はそんな子どもたちの様子を見つめています。

誰かが声をかけてくれるのを心待ちにしながら――。

みんなと一緒に遊びたいけれど、声をかけて拒絶されたらと思うと言い出せない。私はそんな引っ込み思案な子どもでした。それは家庭の事情で貧しい暮らしをしていたことも、原因のひとつだったかもしれません。

人見知りで口ベタな性分は、大人になった今でもかわりません。だから、

「人とコミュニケーションを取らなければならない仕事には就けないな……」

と漠然と思っていました。

現在、私は今では年商数億円、最近始めた不動産事業を合わせて年収六〇〇〇万円を稼ぐ企業の代表取締役を務めています。会社勤めの傍らアルバイト気分で始めたヤフーオークションに手ごたえを感じて会社を辞め、三七歳で起業してインターネットの通販サイト「エース・オブ・パーツ」を立ち上げました。このサイトが順調に伸びて、今では社員を抱えてフル稼働している業況です。

起業して一〇年経つと会社の生存率が五％とも言われる昨今ですが、おかげさまで一三年期連続で経常黒字（一期だけ営業赤字の年がありましたが）で来ています。

普通は自分の年収を吐露することなど恥ずかしくて言いにくい事なのですが、何の取り得も持たない高卒の凡人である自分でもここくらいまではできますよという事を伝える事がこの本の趣旨なので、あえて記載しました。

今思えば確か二〇代後半で読んだロバートキヨサキ著の「金持ち父さん・

貧乏父さん」を呼んで衝撃を受け、その本の通りに脱サラ企業し経営者となり、少し余裕が出てきたところで不動産投資も始めることができました。その歩みは本当にその本の指し示すものです。（ただ規模はまだまだだと思いますが…）

起業を考えている方もしくは起業間もない方にとってはバイブルといえる書籍ですので、未読の方は是非一読されることをお勧めします。

私は気が向いた時しか仕事をしない父と病弱な母のもとで育ち、「ほかの子どもとは違う」ということに早くから気づいていました。給食費にも困る小学生のころ、貧しいお弁当のおかずを気にし、新聞配達でしのいでいた中学生のころ。いつの時代の話かと思われるかもしれませんが、そんな生活のなかで、大学進学も諦めました。

高校を卒業して就職してからも、人見知りやロベタは相変わらずでした。人間関係の中を泳ぎ回って稼ぐ仕事はとうてい無理。さらに社会に出てから直面した、世間の高卒という学歴への風当たりに対する激しいコンプレックス。

そんなコンプレックスの塊の私が活路を見出したのが、ネットビジネスでした。立ち上げた通販サイト「エース・オブ・パーツ」は、インターネットでやりとりすればいいのですから、足を棒にして顧客とコミュニケーションを取って営業する必要もありません。私のようにロベタで営業力がなくても、問題なく仕事を回していけるのです。私はようやく自分の居場所を見つけた思いで、毎日仕事に取り組んでいます。

しかしながら、翻って考えてみると、コミュニケーション能力や高学歴を求められる現代にあって、私のような違和感を抱いている若い人は、案外と多いのではないでしょうか——。

そこで、この本では

「コミュニケーションを取るのが苦手」

「学歴がなくても高収入の仕事をしたい」

と考えている人たちに向けて、私の起業ノウハウをお伝えしようと思います。とりわけインターネットでの起業を考えている人には、成功のコツや、意外な落とし穴なども興味のあるところかもしれません。

心にコンプレックスを抱えている人は、ひっそりと陰に隠れていることが多いものです。私の体験が読者の方たちの役に立ち、生きる希望につながっていくなら、これほどうれしいことはありません。

二〇一八年六月

エモーションズ株式会社
代表取締役
新井　賢二

もくじ

PART 1 第一章 インターネットで起業するには

PART 2 第二章 会社経営で気をつけること

PART 3 第三章 これからのネット事業

PART 4 第四章 コミュニケーション力がなくても仕事はできる

PART 5 第五章 コンプレックスこそ原動力

カバーデザイン　ピッコロハウス
本文装丁・本文デザイン　むくデザイン事務所
構成・編集協力　高木香織

第一章

PART 1

インターネットで起業するには

1

営業力ゼロで収入になるネットビジネス

私は三〇代でネット通販をする会社を起業し、代表取締役として経営しています。この不景気の世の中でありながら、会社の事業実績は順調に右肩上がりを続けています。今の私の目標は、年商を三〇億円にすること。現在の年商はその二〇パーセントも満たしていませんが、それでも今では荒唐無稽な夢ではないと感じています。

なぜ、私がネット通販を事業として選んだか。

それは「営業しなくていいから」。

これに尽きます。

今の会社を起業する以前、私はシステムエンジニアとして働きつつ、少なからず営業の仕事もしていました。でも、心底営業の仕事はイヤでした。

例えば、システムを顧客に売り込むときに、

「私たちはこれだけの仕事ができるので、これくらいの金額をください」

と値段交渉しなければなりません。ところが、一緒にシステムを作っているメンバーに、私は実は一度も会ったことがない……。信じられないかもしれませんが、組織で大きなシステムを作るときには、そんなことも起こるのです。

しかし、システムを顧客に魅力的にアピールするとき、「メンバーは誰だか知らない」とは言えません。自分で自分のことを「これだけのいい仕事をします」と褒めるのもイヤでしたが、見も知らないメンバーの「できる仕事ぶり」を語るのも気が重いものでした。

ところが、通販ビジネスの営業力は、いかによい商品ページをつくって商品を魅力的に見せるかという、どちらかというと裏方の業務に重きが置かれます。そのため、個人で相手と折衝する必要がなく、私にとっては都合がよかったのです。

まとめると、通販で収入を増やすコツは以下の二点につきます。

(1)商品ページの出来ばえ

そのページで、いかに商品をアピールできるか。リアル店舗で商品を手に取ったときのような体験ができればベストですが、ネット上では難しいので、リアル店舗のレベルにどれだけ近づけられるかが勝負どころとなります。具体的には、文章だけよりも写真が何枚も入った商品ページの方が、お客さまの購買意欲はぐっと高まります。

(2)インターネットでの露出度

自社の通販サイトに自社商品を並べただけでは、大きなインターネットという海の中に浮かぶ小舟のように、誰もその存在を知ることができません。そのため、自社商品のみならず、通販サイトそのものの存在を知ってもらう必要があります。

これには、以下の三つの方法が有効です。

一つ目は、その商品やサイトにリンクされる広告を新聞やその他のインターネットを含む媒体に打つこと。

これは昔からある広告媒体に自社サイトや自社商品を掲載する手法で、新聞などを見ると、数社の広告サイトが掲載されているのに気がつくでしょう。

二つ目は、グーグルやヤフーなどのページの上部や左右にある広告枠（PPC／Pay Par Click　ペイ・パー・クリック）に自社商品や自社サイトを掲載すること。

ＰＰＣとは、グーグルなどの検索エンジンで、関連したキーワードで検索された際に掲載される広告枠のことです。クリック一回ごとに課金される仕組みで、購入されるかどうかにかかわらず、広告料を支払います。クリックされなければ何回表示されても無料ですが、クリックされると課金されるという仕組みです。

これは、クリックしたユーザーのうちで購入した割合（コンバージョン率）をどこまで上げられるかがカギとなります。コンバージョン率が低いと、クリックに対して広告費を払わなければならないため、とても割高な広告費になってしまいます。

三つ目は、検索エンジン最適化（SEO／Search Engine Optimization サーチ・エンジン・オプティマイゼーション）で、グーグルなどの検索エンジンで、関連したキーワードで検索したときに、ページの上位に自分のサイトが表示されるようにすること。

うまくできればもっとも費用対効果の高い広告です。二〇〇七年（平成一九年）ごろまでは、比較的簡単に上位表示させることができましたが、グーグルの検索論理（検索アルゴリズム）が何度も改良されていて、現在では上位表示は一筋縄ではいかない状況になってきています。

ただ、これも一朝一夕に効果を追い求めずに、地道にコツコツ作業を続けていくと報われますから、中長期で考えて取り組んだ方がよいでしょう。

業種や選定ワードにもよりますが、広告の費用対効果としては、三つ目の検索エンジン最適化（ＳＥＯ）が一番高く、次いで二つ目のＰＰＣに自社商品や自社サイトを掲載すること、最後に一つ目の広告を新聞やインターネットを含む媒体に打つこと、の順になります。

すでにインターネットで物品販売をしている人でも、「商品ページの出来ばえ」については気を配っても、「インターネットでの露出度」の重要さに気づかない方もいるようです。しかしながら、ここはネットビジネスにおけるとても大切なポイントですから、ぜひ押さえておくことをおすすめします。

2 通販サイトを立ち上げる方法

二〇〇六年（平成一八年）、三七歳のときに私はサラリーマンを辞めて起業しました。勤めていた会社の二〇代後半の部下と二人での船出です。東京調布市に家賃五万円程度のワンルームのアパートを借りて事務所とし、電話を引いてパソコンを置いただけのシンプルなものでした。

とはいえ、最初から食べて行けるか不安でしたので、それまでのサラリーマン時代に従事していたコンピュータソフトのシステム開発業の請負をメインとしていました。

勤めていたのは通信関係の会社でしたから、ＮＴＴやＫＤＤＩをはじめ、ＮＴＴドコモといった大手の仕事をしていました。そのため、起業してからも引き続きそこからの仕事を請け負うことができたのです。

例えば、通信の工事をする際に、始まりから終わりまでの管理や、その間にどういう事態になるとどのような警報音を出すかといった工事全体を管理するシステムが必要となります。そういったシステムのプログラムをパソコンで組むのです。

工事管理にプログラムが必要というのはあまり知られていないかもしれませんが、実はこういったプログラミングの仕事は無数にあるのです。それらの仕事を受けることができましたから、これを本業にすると、とりあえず私たち二人が生計を立てるのに困ることはありませんでした。

もともと私はネット通販の仕事に興味を持っていました。会社勤めの傍ら、ネット通販を利用したり、自分でもヤフーオークション（以下、ヤフオク）に出品して売ったりしていたのです。

自分にとっては不用品がヤフオクで売れ、お金が入ってくる。画面を見ていると、「アッ！　売れた！」と次々と動きが見えるのです。


それはほんとうに小さな商売でしたが、商品を売る準備をして、実際にネット通販で売れ、入金されてくるプロセスはとても面白いものでした。お客

さんには失礼かもしれませんが、まるでゲームのような感覚で楽しんでいました。

このネット売買に手ごたえを感じるようになったため、本格的に自分で通販サイトを立ち上げて独立することにしたのです。

3 本業を持ちつつ、通販サイトを育てていく

通販事業は、ヤフオクと通販サイトの「エース・オブ・パーツ」を形ばかり立ち上げてスタート。ただ、日中の朝九時から一八時まではメインのシステム開発の仕事がありますから、その後、家に帰ってから通販の仕事をしていました。

帰宅すると、商品ページの作成と修正をし、受注メールなどの処理と翌日の出荷作業をして、深夜の一時から二時に就寝するという毎日。商品の梱包をして出しておけば、翌朝、佐川急便が取りに来て発送してくれる段取りになっていました。本業が休みの土日と祝日は通販の仕事に集中し、商品の開拓や撮影にあてていました。

休日もなく働きづめで、つらいだろうと思われるかもしれません。でも、通販の作業自体は面白いものでしたし、休みたいときには休んでいましたから、それほど負担には思いませんでした。

とにかく売れるものが欲しかったので、PCパーツや液晶テレビ、テレビ金具、スピーカー金具など、ネット店舗に並べられるものは時間と労力の許す限り並べていき、売れ行きを注視していました。

ヤフオクで商品を販売していく中で、利益が取れずに赤字覚悟でさばいたり、まったく売れずに二束三文で在庫処分することもよくありました。しかし、売れない商品であることがわかったことで、これはこれで「成功の種」という意識で必要経費ととらえ、あまり気にしませんでした。創業当初の通販の売り上げは年間で一二〇〇万円ほどでした。

しばしば数千万円のお金を貯めたり、借金をしたりしてスパッと本業をやめて起業する人を見かけますが、

「勇気があるなぁ……」

と感心します。

よほど料理の腕に自信があって店を持つとか、何かのサービスや商品に自信があるならともかく、普通、私のような凡人が起業する場合は、テストマーケティングは必要不可欠で、それを見越したうえで起業しないと、痛い目に合うのは目に見えています。

なかには痛い目を見て、そこから勉強して這い上がっていくという人もいるかもしれませんが、精神的にも時間的にももったいないことです。

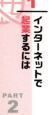

4

在庫リスクを減らす「セドリ（ドロップシッピング）」

趣味でヤフオクをやっていたころは自分のいらなくなったモノを売っていましたが、自社の通販サイトを持つようになると、そうはいかなくなりました。まとまった商品が必要となったのです。

通販というビジネスモデルは、おおむね物販ですから、最初に仕入れが発生します。なかにはサービスや役務を売るといったこともあるかもしれませんが、ここでは省きます。

始めのころは、秋葉原で安く買ったり、ネットの通販サイトから仕入れたりしたものに若干利益を乗せて販売していました。ネット通販から仕入れて転売することを「セドリ（ドロップシッピング）」といいます。もともとは古本をインターネットで販売することからきた言葉で、本の背で仕入れを判断することから、「背取り」と呼ばれるようになったといわれています。

「セドリ」というビジネスモデルには、起業当初から興味を持っていました。「セドリ」は、ショッピングモールごとの相場価格の違いを利用するビジネスモデルです。この「セドリ」のよいところは、在庫リスクが少ないことです。

例えば、あるおもちゃの人気商品Aがあったとします。おもちゃAをアマゾンでは一万二〇〇〇円で売られていて、楽天やヤフーショッピングでは一万八〇〇〇円で売られていたとします。同じ商品なのに、六〇〇〇円の差額があるのです。

このおもちゃAを自分の通販に載せておき、注文が入った時にアマゾンから買って、購入者に販売するのです。こうすれば、在庫を抱えることもなく、商品を右から左に移すだけで、約六〇〇〇円の粗利が取れることになります。

「セドリ」にはさまざまな方法があり、これはその一端にすぎません。海外の通販サイトを絡めたりするなど、さまざまなパターンがあるようです。

ただし、仕入れようと思った商品の在庫が切れていたり、思ったより自分が負担する送料が高かったり、もともと販売している商品なので粗利が少ないことがあるといったデメリットもあります。また、注文が入るたびに仕入れが発生するので、どうしても手間がかかります。

こういったデメリットがあることから、起業当初は興味のあるビジネスでしたが、現状では私は通常に仕入れを起こして販売する形態に力を入れています。

とはいえ、個人の方で、まったくゼロの状態からある程度の資金を貯めたいとか、小資本でスタートしたい方には取り組みやすいモデルかもしれません。

また、逆説的ですが、取り扱い規模を大きくすることで、在庫を持たないで回している大手の通販会社さんも存在します。

5 ヤフオクで徹底的にテストマーケティングする

先にお金を払って商品を仕入れるということは、この時点で金銭的にはマイナスからビジネスがスタートするわけです。私の場合は、本業で蓄えていた少ない現金をやりくりして、数万円から数十万円といった単位で仕入れをしていました。

そのため、虎の子の資金で仕入れた商品がまったく売れなくなることや、在庫処分というのは本当に避けたいことで、これは私がもっとも注意を払っていた点でした。

売れる商品かどうかを見極めるために、最初のころは小ロットで商品を仕入れてヤフオクに出品し、徹底的に売れ行きをテストしました。このテスト販売である程度手ごたえがあれば、継続して仕入れたり、ロットを増やすなどして徐々に対応していくようにしたのです。よさそうだと思って出品してみても、なかにはまったく売れない商品もあり、そういった商品は自社サイトでは扱わないようにしました。

ヤフオクをテストマーケティングの土台として選んだのは、二つの理由がありました。まず一つ目は、個人や個人事業主でも簡単な登録だけで売り手になることができることです。

ほかのオークションサイトを例にとると、楽天は原則的に企業体でなければ出品できず、割合に敷居が高いのです。

二つ目は、値付けや商品説明にあまり細かいルールがなく、販売しやすい市場であったことです

ただし、ヤフオクにもデメリットがあります。それは、他のショッピングモールに比べて価格が安くなる傾向があることです。また、評価制度を取っていて、少しのミスでも「悪い評価」がつきます。悪い評価が多くなると販売に影響しますから、評価にはとても注意する必要があります。

6 通販サイトを運営するコツ

私の自社通販サイト「エース・オブ・パーツ」の運営法をまとめると、次のようになります。

まずヤフオクに出品して手ごたえを見て、うまくいったものを本商品として自社サイトで販売します。そして、自社サイトを本商品で盛り上げて繁盛店にさせたうえで、楽天やヤフーショッピング、アマゾンといった他のショッピングモールに出品して多様化を図っていきます。ヤフオクで手ごたえのないものは、それ以降は扱わないようにしました。

自社サイトの商品ページを作成し、商品をアップさせるという一連の作業だけでも、慣れないうちはかなり根気のいる作業です。ましてや、他のショッピングモールへの店舗出店となると一大イベントであり、数ヵ月スパンの行程となります。

そのため、作業の一部を外部委託することもありました。ただし、外部委託にはそれなりのコストがかかりますから、売り上げとの見合いで検討する必要があります。ただし、現在ではヤフオクでは出品をしていません。自社サイトやモールのみで十分販売できる体制が整った事が大きな理由です。

7 売れる商材の見分け方

現在、わが社の通販サイトの主力商品は壁掛けテレビの取り付け金具です。テレビ金具に落ち着くまでは、それこそさまざまな商品を試みました。

当初売れたものとしては、マウスやパソコンケース、パソコンの本体の中に差すグラフィックボードといったパソコンパーツ。初期の液晶テレビは、四二インチの大型のものでした。中国製で安く仕入れることができましたが、なにしろ大きくて置き場所に困りました。

販売しながら回転させていくのですが、一〇台置くのが精いっぱい。店舗販売より安くなければなりませんから、なるべく安く仕入れて利益を一〇～二〇パーセント乗せて売るのがせいぜいでした。

パソコンパーツや液晶テレビは、ある程度は売れていたのですが、なにしろ流行りすたりが早いのです。特に液晶テレビは、ものすごい勢いで値崩れしていくのがわかりました。液晶テレビは中国で組み立てたものを国内の商社から仕入れて、自社サイトで販売していました。これは前述した「セドリ」という方法です。

テレビは年に二回モデルチェンジがあります。そのたびに古いモデルは価格が落ちていく。さらに追い打ちをかけるように別の要因も加わって、その価格落ちの間隔が、最初は数週間だったのが、二週間、一週間と早まっていったのです。仮に三万円で仕入れて四万円で売れていたものが、時間がたつにつれて三万円で売れなくなり、二万後半でも売れなくなり、やがて二万円でなければ売れなくなっていく……。みるみるうちに価格が下がっていくのです。

競合他社の同様な戦略商品（中国産の格安液晶テレビの台頭など）が出回り始めて価格競争が始まったことが原因でした。

「こんな商品を最初の仕入れ値で大量に保管して在庫持ちしていたら、首つりもんだったなぁ……」

と背筋に冷たいものが流れるように感じたものです。今でも液晶テレビをはじめ家電製品はモデルチェンジはありますし、価格の下落速度はだんだん早くなっているようです。大手や在庫を捌くルートを持っていない限り、このような商品は扱えない……と今でも思っています。

Ｂｏｓｅの中古スピーカーを扱ったこともありました。カラオケの会社から中古を仕入れて、それをきれいに磨いて写真を撮ってサイトに載せて売るのです。これは中古を再生させて売れるところまで持っていくのが本当に大変でした。ただ、結構売れて、のちに主力商品の一つとなりました。

この他、ジーンズやインベーダーゲームやテトリスのマークが電気でピカピカ光るＴシャツ、ＬＥＤ電球、カラオケのアンプ、大きなスピーカーをアメリカから仕入れて販売するなど、数え上げればきりがありません。ただ、機械ものは故障が多くてクレームの対応が大変でした。

現在のわが社のようにテレビ金具に落ち着くまでには、それこそいろんな商品を試みました。

たとえば、初期の液晶テレビだったり、ＰＣパーツだったり、ジーンズ、ＬＥＤ電球などなど、数え上げればきりがありません。

なぜ、現在のテレビ金具に落ち着いたかというと　まず売れたということもありますが、以下のような要因が挙げられます。

①　大手があまり参入しないニッチな商材で、狭く特異な分野の商材であったこと。
これにより、価格崩壊が起こりにくい商材であったこと。

②　アパレル分野の洋服などのように、早いサイクルでの流行りすたりがないこと。
これにより売れ残り在庫や赤字での在庫処分などの経営を圧迫するような在庫負担があまり大きくなかったこと。

③　ある程度長い期間保管しても、腐る事や商品劣化が進まない商品であったこと。

これらの要因により素人の私でも商売を軌道に乗せる事ができたのだと思います。

これが、たとえば食品などの賞味期限があるものだったり、アパレル分野の流行り廃りが早いものだった場合は、どうなっていたかわからないというのが実情です。

それをあえて扱っていらっしゃる人もたくさんいますが、すごいなと感心します。

8 ニッチなところによい商品がある

起業をして通販サイトを立ち上げたときには、いくら小さなサイトといえども、品揃えを多くしないといけないのではないか、と考えていました。そのためにさまざまな商材をヤフオクで試して投入しました。

そんなテスト商品のなかに、たまたまテレビやスピーカーを壁に取り付ける金具があったのです。あくまで商材をにぎやかにする一コマのようなつもりでした。ところが実際に扱ってみると、需要があるうえに値落ちがあまりなく、

「この商材だったら一本出しでいけるかな」

と直感したのです。

そのころ、二〇一一年（平成二三年）七月にテレビが地デジに切り替わるために、テレビがブラウン管から薄型に移行していくという時代背景がありました。私が起業して

商品を模索していたとき、ちょうど薄型の壁掛けテレビに注目が集まっていたのです。まだ壁掛けテレビ自体は発売されていません。だから、壁掛け用の金具はまだホームセンターにも置いてなく、扱っているのはネット通販だけでした。こういったタイムラグが生じるとき、もっとも動きが早いのはインターネットです。

テレビと違って金具には原則的にモデルチェンジがありません。そして、時代の波に乗って需要がある。そこで、自社の通販サイトでも、取扱商品を金具に絞ることにしました。商材を壁掛けテレビ金具一本にしたのは、まずは売れたということもありますが、

よい商材だと考える要因をまとめると以下のようになります。

一つ目は、大手があまり参入しない、ニッチで特異な分野の商材であること。

ニッチとは、もともと西洋建築で壁や柱に彫刻などを飾れるようにつくられている窪みのことをいいます。そこから転じて、隙間や適所といった意味合いを持ち、大企業がターゲットにしない小さな市場や、潜在的なニーズはあるけれどもまだビジネスの対象となっていないような分野です。

二つ目は、アパレル分野の洋服などのように、早いサイクルでの流行り廃りがないこと。

これにより、売れ残りや赤字での在庫処分が経営を圧迫するといった在庫負担があまりありません。

三つ目は、ある程度長い期間保管しても、食品のように腐ったり商品劣化が進まない商材であること。

これらのことから、もともとは素人の私でも商売を軌道に乗せることができたのだと思います。正直に言えば、テスト商材の中に金具を入れたのは、まったくの偶然であり、カンによるものだったかもしれません。その後、最終商品として残したのは私なりの判断があったからですが、これが賞味期限のある食品や流行り廃りの早い洋服だったら、現在会社は存続していたかどうかわからない……、というのが正直なところです。

9 ランチェスターの法則

私がビジネスを行ううえでとても大事な指針としていることに、「ランチェスターの法則」というものがあります。「ランチェスターの法則」は、イギリスの工学者フレデリック・ウィリアム・ランチェスターによって唱えられた軍用理論で、マーケティング戦略として応用されています。

ランチェスターの法則」を一言でいえば、

「強いものは強く、弱いものは弱い」。

何をあたりまえのことを言うのだ、と叱られそうですね。もう少し詳しくご説明しましょう。

仮に強者を大企業、弱者を小企業とした場合に、強者（大企業）には大企業の戦い方やマーケットがあり、弱者（小企業）には、小企業の戦い方やマーケットがある、ということです。もう少し具体的に言えば、弱者（小企業）は、特殊な分野（ニッチな市場）に特化させ、力を一点に集中させることが強者（大企業）と戦う戦略だというのです。

通常、壁掛けテレビの取り付け金具のようなニッチな商材は、マーケットの幅がさほど大きくないので、大手は参入してきません。これが例えば液晶テレビやパソコンなどのマーケットとなると、市場規模がとても大きいため開発費や広告費を使っても採算が取れますから、大企業が参入してきてしまいます。

少し昔に「アキア」というブランドのPCブランドを立ち上げた方がいらっしゃいます。アキアはそこそこ売れ、名も知れたのですがほどなくして倒産してしまいました。またその数年後、その方は「バイデザイン」という液晶テレビのブランドを立ち上げ、バイデザインはそこそこ売れましたし、名も有名になりましたが、その後、大手の参入、攻勢に会い倒産しました。

社長はゼロからアキアやバイデザインというブランドを立ち上げ、数十億、数百億という売上を作ったのですから類まれな起業家だったと思いますが、ランチェスターの法則からいうと　ＰＣや液晶テレビというマーケットは大資本が無いと決して参入してはいけないないマーケットだったのです。

私のような無いないづくしの者が起業する場合、事業進出するマーケットは、ニッチな分野でないといけないと自戒しています。ただ、何事にも例外がありますから、絶対ではないと思いますが。

10 独自の仕入れルートを確保する

始めのころは、自社通販サイトの主力商品をテレビの取り付け金具とし、大手のネットデパートから仕入れて売っていました。そのうち、自分でまとまったものを仕入れても大丈夫という自信もついてきたので、独自の仕入れルートを開拓することにしました。倉庫も確保し、在庫を抱えられる受け皿ができたこともありました。そこで私が注目したのは、海外からの輸入でした。単価も安いし、大量に仕入れることができます。実際に交渉したのは、中国でした。当時、テレビの取り付け金具は中国でつくられていたのです。中国から輸入するようになった結果、仕入れにかかる金額が五分の一ですむようになり、業績は急速に伸びることとなります。

とはいえ、海外からの直接の仕入れとなると、ある程度の仕入金額もかかりますし、なにしろ初めてのことなのでとても不安になったことを覚えています。

仕入れをするためには、先にお金を百万単位で振り込まなくてはなりません。そこで実際に取引を始める前に、すでに出荷している国の需要動向などをヒアリングしたり、日本の民間会社に委託して、輸入元である海外の会社の信用調査を行ったりしました。そのうえで、直接中国のオフィスと現地工場に出向き、大丈夫と確信してからスタートしました。現地を自分の目で見るのは、必須です。

これらの行程を経て、初めて独自の仕入れルートを確保することができました。

独自の仕入れルートを確保すると、三つのメリットが生まれて、収益力が格段に上がります。

一つ目は、販売商品が固定化されるので、販売ルーティンが簡素化され、作業効率が上がること。

二つ目は、独自のブランド化（OEM）ができるので、販売力が強化されること。

三つ目は、為替の問題も出てきますが、割安で購入できるため、粗利が取れるようになることです。

会社の事業として商材を選ぶ場合は、ニッチな商品であることと、独自の仕入れルートを確保していること、なおかつ需要がそこそこあるものが大切な条件になると思います。

11

海外からの安い仕入れで気をつけること

予想外の品物が届き、愕然とする……。海外から安い商品を仕入れるときにしばしば起こるトラブルです。

これからお話しするのは、二〇〇七年（平成一九年）ごろに実際に私が体験したことです。

香港の国際貿易ショーに行ったときに、よさそうな商材を並べている会社の展示ブースを見つけ、担当者に話を聞いて確認したうえでサンプルを仕入れました。たしか三社ほどだったと記憶しています。

数週間後、三社からそれぞれサンプル品が送られてきました。梱包をほどいてみると、そのうちの二社の商品はとても売り物にはできないものでした。

一社の商品は、鉄部がさび付いて埃まみれで、とてもではありませんが、日本で商品として扱えるものではありません。もう一社の商品は、穴の位置がずれていて組み立てることができないのです。当時、サンプル料金として三〇万から四〇万円ほどを支払っていましたから、あまりのことに呆然としたのを鮮明に記憶しています。

通常、こういったことは日本の商取引では考えられないことだと思いますが、やはり海外からの輸入となると、その出荷元が本当に信頼のおける会社かどうかが非常に重要です。

理想としては、相手企業の信用調査を行うか、すでに取引のある企業からヒアリングを行ったうえでサンプルを購入し、問題がなければ本購入（コンテナ単位の大量の購入）するのがリスクを軽減させる方法です。

とりわけサンプルは出さないという会社の場合には、現地に行って実物を見たり、信用調査をすることが不可欠です。

経費がかかってしまいますが、コンテナ単位での仕入れとなると、数百万円から大きくなると一千万円以上の出費となる場合もありますから、こういった事前チェックはとても重要です。

12 信用調査をうまく利用する

前述したように、海外から初めての輸入をうまく行うには、相手のメーカーが信用のおける企業かどうか見極めるのが大きなポイントになります。なぜなら、商品が届く前に、大事な仕入れ資金を商品の五〇パーセントから、ときには全額支払わなければなりませんから、売り物にならない不良品を送られたり、ましてや商品がきちんと届かなかったりすると、その後のビジネスを大きく左右してしまうからです。

そのため、私は新規の取引先の場合は、多少のコストをかけてでも信用調査をかけるようにしています。

信用調査といってもそれほど難しいことではなく、インターネットの検索エンジンで中国と日本の商習慣をよく知る企業を検索すれば、何社かヒットしますから、その中から予算とニーズに合った会社を選び、調査依頼をすればよいのです。私の場合は、中国との輸入事務を行っている会社に依頼しました。
信用調査をすれば、相手の企業の様子が分かりますから、最初の仕入れで大損する確率が低くなります。費用は、そのころの相場ですが、一〇万から二〇万円程度でした。

また、繰り返しになりますが、サンプルではなく実際に本腰を入れて相手のメーカーから仕入れを行おうとするなら、現地の会社や工場の見学に行くことをぜひおすすめします。品物だけではなく、現地の会社や工場を見せてもらえるというのは、信用度が格段に上がります。

私の場合も、とんでもないサンプルで送ってきたのは、現地の会社を見学していないところからでした。本気で仕入れをしようとする会社には、必ず見学に行っています。
私は中国語が分からないので言葉は通じませんが、百聞は一見に如かずの格言通り、直接自分の目で見た場合は、その後の仕入れに自信がつきます。

本輸入を始めてからも、中国からの商品には、品質にバラつきはありました。そのため、自社から購入者に出荷する際には、必ず検品する必要があります。

粗悪品が混ざっていた場合は、来てしまったものは諦めて廃棄処分します。その後、相手の会社に交渉して、廃棄した分は次回の注文の際に乗せてもらうようにします。

13

語学力なしでトラブルなく取引する方法

創業して二年目からは、メインの商材をテレビの設置金具とスピーカーに絞っていきました。併せて、本格的に仕入れと販売をするようになったために人手が必要となり、社員を増やしていきました。本社と倉庫に配置して、手配と発送の作業が同時に行えるようにしたのです。

わが社は、私を含めて中国語のできるスタッフは誰もいません。しかし、取引先が中国でも香港でも、ファーストステップのサンプル取り寄せからフィニッシュの仕入れまで問題なく行っています。それでトラブルが起こらないのには、ちょっとしたコツがあるのです。

注文など仕入れ時のやり取りは、一〇〇パーセントが英語でのメールのやり取りになります。こちらからのメール送信のときには、日本語を英語に翻訳して書くわけですが、これも私を含めて英語を流ちょうに操れる社員はわが社にはいないのです。

そのため、翻訳にはインターネットの翻訳サイトを使います。
ところが、翻訳サイトを使った経験がある方はご存じのように、日本語という言語は文法が違うためか、英語を日本語に翻訳すると何が何だかわからない不思議な日本語になってしまいます。
同じように、普通私たちがやり取りするような文章を翻訳ソフトにかけても、うまく翻訳された英語にならず、こちらの意図することが相手にうまく伝わらないといったことがしばしば起こりました。

そこで、長文をいきなり翻訳するのではなく、一行程度の短いセンテンスに区切ってみました。すると格段に分かりやすく的確な翻訳文になり、相手にこちらの希望が伝わるようになったのです。

例えば、

「私はこれが何個ほしい。何月何日までに送ってほしい」

これで二文のセンテンスです。感情移入せずに、ロジカルに確実なことだけを伝えるのです。

まったくの主観ですが、翻訳ソフトは二行以上の日本語を並べるとうまく翻訳してくれないように感じます。短いセンテンスに区切ると伝える順番が逆になるケースもありますが、最低こちらが意図していることは相手に伝わるので、コミュニケーションが成立します。

14

貸し倉庫と営業倉庫の選び方

本業のシステムエンジニアの傍ら通販ビジネスを始めたころは、扱う商品の在庫量が少なかったので、自宅の空きスペースを利用したり、ワンルームマンションの事務所のスペースを利用したりしていました。年商で一千万円から数千万円までのときです。

次第に商品の販売量が伸びてきて在庫量が増えてきたときには、近場で二〇トントラック一台分が収納できる貸し倉庫を間借りしてしのいでいましたが、それもやがて限界がやってきました。そこで、まとまった大きさの倉庫を借りることにしました。

倉庫の賃貸料は固定費になります。ある程度の大きさの倉庫を借りると、毎月まとまった額のお金が出ていくことになるので、私は慎重にしていました。

現在は、埼玉の奥の方に倉庫を借りていて、商品在庫はそこで一括管理し、発送まで行っています。ちなみに、本社事務所は神奈川県川崎市にあります。

固定費がかかる倉庫は、安ければ安いに越したことはありません。私の会社の場合では、地理的条件と賃貸価格の両面から、埼玉県内を選びました。倉庫だけを考えたら、地方でもよいのかもしれませんが、自前で商品管理や発送を行っているために、どうしても条件が限られてしまいます。今の場所は、事務所から車で一時間ほどの距離なので、許容範囲内でした。

また、自前で倉庫を借りるのではなく、営業倉庫を利用する方法もあります。営業倉庫というのは、商品の管理や発送を、倉庫を経営する会社で行ってくれるものです。自分で借りる倉庫と営業倉庫では、それぞれにメリットとデメリットがあり、まとめると次のような違いになります。

自分で借りる倉庫のメリットは、まず毎月の費用が算出しやすいこと。

地代や人件費などを直接支払うので、算出がはっきりして見通しが立てやすくなります。また、クレームの処理や突発的な作業など細かい対応が容易にできます。デメリットとしては、倉庫の人員管理などが必要になることです。

営業倉庫のメリットは、完璧な外部発注なので、商品をその会社に預けてしまえば、あとの管理はしないでよく、その分ほかのマーケティングなどの仕事に力を入れられること。

デメリットは、外部発注のため、細かい対応ができにくい場合が多いことです。また、倉庫自体を管理できないため、毎月の費用が算出しにくいことが挙げられます。

以前、私の会社でも営業倉庫を利用していたことがありますが、現在は自前で倉庫を借りています。営業倉庫よりも細かい対応ができ、費用も管理しやすいためです。ただ、倉庫にかける分のエネルギーを売る方に注ぎたいと考える人も多いと思いますので、どちらを選ぶかは経営者の方針次第でしょう。

15

目標は年商三〇億円

会社を立ち上げるにあたっては、読者の皆さんもいろいろな目標をお持ちだろうと思います。例えば、「上場企業になる」「社員〇〇人の規模まで拡大する」「売り上げ〇〇円」などです。

私の場合も、初めのころはいろいろな目標をあげましたが、現在ではシンプルに「売り上げ三〇億円」を目標にしています。

年商で見ると、一億、三億、五億、一〇億円とそれぞれの売り上げの段階ごとに壁が存在します。壁というのは、何か仕組みや体制を改良させていかなければ、その先の売り上げのところで頭打ちになるということです。

それらの頭打ちの状況を打破するには、他者には見えない、壁を乗り越え

るだけの試行錯誤が必要となります。そこがまさしくチャレンジとなるわけです。

そのチャレンジをして初めて売り上げが伸び、その結果としてさまざまな経営課題もクリアされていきます。壁を乗り越えるということは、経営者と社員、ひいては会社全体が成長した証であると思います。

幸運にも、瞬間的に売り上げが数億円から数十億円に跳ね上がるビジネスモデルもあるかもしれません。しかし、その中身には売り上げを構築するだけのしっかりした基礎や仕組みがなければなりません。それがないと、一過性のものになってしまい、長続きしないと思います。

このようなことから、私はシンプルに売り上げを目標としています。

16 利益率の見方

ここ最近のわが社の売り上げは四～五億円で、営業利益は数千万円です。営業利益率でいえば、五～八パーセントほどでしょうか。毎年一〇パーセントを目標にしていますが、なかなか達成できずにいます。

しばしば、「損益計算書（P／L）は社長の通信簿」といわれますが、この例ではどうでしょうか。及第点止まりで、よくて「3」といったところでしょうか。

会社を経営されていない方が、「営業利益一〇パーセント」と聞くと、少なく思われるかもしれませんが、一〇パーセントはかなりハードな数字です。

一億円売って一千万円、五億円売って五千万円です。その本業のもうけから税金が取られます。仮に税金の支払いを多く見積もって四〇パーセントとすると、一千万円の営業利益で四〇〇万円、五千万円の営業利益で二千万円の税金を決算月末から二ヵ月以内に支払わなければならないので、税金の支払いもきつくなります。しかも支払いは現金です。

現在、日本の会社の八割は赤字経営といわれています。そんな時代にあって、まだ営業利益が出ているだけありがたいと思わなければなりませんが、利益が出ると税金の支払いもきつくなるのも事実なので、頭の痛いところです。

また、営業利益一〇パーセントはおろか、二〇パーセント、三〇パーセント、五〇パーセントなどというとてつもない利益率の会社さんの話を聞くこともありますが、私から見たらそのような会社さんはお化け企業で、うらやましい限りです。

まずは営業利益一〇パーセント越えが当面の利益目標です。

PART1 まとめ

凡人がインターネットで起業する秘訣

1 大手があまり参入しない、ニッチ（特異な分野）な商品を狙う！

2 商品のテストマーケティングは必須！ 手ごたえを確認してから取り扱う！

3 始めのうちは別の本業を持ちつつ、通販サイトを軌道に乗せていく！

インターネット通販のメリット

1 営業しなくてもビジネスできる

2 語学力なしでも海外から輸入できる

3 小さな事務所からスタートできる

第二章

PART 2

会社経営で気をつけること

1

ムダな経費は徹底的に抑える

起業したころ、著名な経営コンサルタントで実践マーケティングの第一人者である神田昌典さんの本を読み、その教えに沿って経営にあたっていました。

神田さんの教えとは、

「最初はちょろちょろでもいいから、出ていく水（お金）よりも入ってくる水（お金）を多くする」

というものです。会社経営にあてはめると、経費と販売管理費はあくまで粗利の中で抑えて、少しでも営業利益を出していくということになるでしょう。

私の場合、起業当初は借入金なしで始めましたから、毎月のシステムエンジニアの売り上げの範囲内に経費を抑えなければなりません。経費にかかる比重は人件費がもっとも多く、次いで「仕入代金」「その他の経費」となっていました。そのため、「その他の代金」をかなりシビアに抑えました。

スタート時はとりあえず私の自宅を事務所として使い、そのうち人数が増えてきたので自宅近くに家賃五万円のワンルームのアパートを借りました。このアパートの家賃も、五万二〇〇〇円のところを二〇〇〇円値切りました。

よく最初に大きい借り入れをして、立派な事務所などを用意して起業するケースがみられますが、私の場合はこの事業がうまくいくかどうかまったく自信がなかったので、とにかくムダな経費は出さないように努めました。

よほどのことがない限り、自分の始めた事業が必ずうまくいくとは考えられません。それができるのなら、みんなとっくに起業しているでしょう。

「必要最低限の経費以外はリスクを高めるだけ」と肝に銘じて、とにかく最初から経費を抑えることを念頭に置くようにします。

2 友人や親戚とは始めない

起業するにあたり、私は前職の後輩と二人でスタートしました。私が代表取締役、後輩が取締役です。やがて会社の事業拡大とともに人員を増やしていったのですが、**人を入れるにあたっては、まず身近なところから声をかけていきました。まず高校の後輩、友人の知り合い、親戚といった人たちです。**

この人の集め方が、失敗でした。

このような人材の集め方でうまくいく人もいるのかもしれませんが、私の場合は違いました。なぜなら、身近な人たちは会社社長の私ではなく、起業する前の私のことをよく知っている私的なつながりが強い関係です。よく言えば気心が知れているのですが、私の場合は、そのメリットよりもデメリットの方が強く出てしまいました。

例えば、業務オーダーを出しても、社長の私が舐められていて、スタッフから不平不満がしばしば出るのです。身近な間柄でない場合でも、業務に対する不満は出る場合がありますが、この場合は

明らかに私的なつながりが強いために通常なら出ないような不平不満です。

お互いにどこかしら甘えがあったのでしょう。

起業して五、六年たったころ、新しく採用した人に責任者のような形でテレビ金具の通販を任せるようになっていました。彼は終業後も家に金具を持ち帰って検品するほど、たいそうな熱の入れようで働いてくれていました。

私は「扱う商材をテレビ金具だけではなく、他の商材にも広げていきたい」と考えていました。やがて「テレビ金具一本でいきたい」と主張する彼と、次第に意見が合わなくなっていったのです。

すると彼は、立ち上げから一緒にやってきた取締役の後輩を含めた三人を連れて会社を辞め、新会社を設立してしまったのです。しかも、辞めるだけならまだしも、商材も輸入先もまったく同じという競合会社をつくったのです。

そのときは、売り上げがガクンと落ちました。ちなみに後にも先にも、売り上げが落ちたのはこの時だけです。しかし、私にとっては精神的なショックの方が大きいものでした。初めて円形脱毛症になるほど落ち込みました。

また、共同経営で立ち上げた会社で、共同経営者同士が仲たがいするというのもよく聞きます。

私はさすがに共同経営というスタイルは取りませんでしたが、これもよくあるケースだと思います。

このケースでありがちなのは、実入りが少ないときには二人とも頑張って

目標達成に邁進しますが、ある程度収益が増えてきたころに、各人の手取り分で揉めるというパターンです。

いくら最初に契約書で決めごとをつくっておいても、人間ですから感情が入ってきて不満となって表れてしまいます。

「最初に取り決めはしたけど、これだけ稼げるようになったのだから、もう少し手取りを増やしてくれよ」

こうなると、やはり共同経営で行うのがいけなかったのだと思います。

友だちや親戚と事業を始めるのは、最初は気心が知れていてとてもやりやすいというメリットがある反面、のちのちいろいろな問題が噴出することがありますので、私はおすすめできません。よほど自信のある方以外はご注意ください。

PART 1 インターネットで起業するには
PART 2 会社経営で気をつけること
PART 3 これからのネット事業
PART 4 コミュニケーションカがなくても仕事はできる
PART 5 コンプレックスこそ原動力

3

ベースになる仕事を確保する

起業当初、私の場合は本業としてシステムエンジニアをやりながら通販事業にあたったことは、以前にお話ししました。

私の場合は、二〇〇六年（平成一八年）の起業当時にはシステムエンジニアの仕事の売り上げが九割で通販が一割くらいだったのが、五、六年ほどで通販の売り上げの方が上回ってきました。そのうち、完全に逆転して一対九になったのを潮時に、二〇一四年（平成二六年）に、システムエンジニアの仕事を完全にやめて通販一本にしたのです。

本業となるベースの仕事を持っていると、収入は安定します。ただし、本業をやりながら別の事業を育てていくのですから、覚悟を決めて時間的にも肉体的にも犠牲を差し出す必要があります。

逆に、一念発起型の起業はどうでしょうか。例として、ラーメン店（飲食店）を新規に起こした場合を考えてみましょう。

①まず最初に自宅などでレシピやメニューの構成を考え、ラインナップを設定する。

②上記のメニューをできるだけ多くの人に試食してもらい、手応えを確認する。

③手応えがあれば、店舗の出店計画や事業計画を立てる。

④③に従い、資金計画（自己資金と借入の金額など）を立てる。

⑤資金繰りを実行（銀行や政策金融公庫から借り入れ、または自己資金の注入）をする。

⑥店舗を取得する。

⑦開店する。

⑧営業する。

⑨営業内容……良好なら、借金を返済し、安定経営へ。
不良なら、借金返済困難に。経営不安定、退店へ。

一念発起型の起業は、営業してみないと経営がうまくいくかどうかがわからないため、大変リスキーです。これらは、サラリーマンが起業する場合にも同様なことがいえますから、参考にしていただければと思います。

ただし、一念発起型の事業がすべてダメで、副業ベースで起業することが最良とは言いません。一念発起型の起業で成功されている方もたくさんいらっしゃると思います。あくまでリスクの多寡で見た場合の私の見解です。

4 時代の動きを読み取る

起業する際には、どのようなビジネスを選ぶとよいのでしょうか。時代の流れに沿ったビジネスや商材を扱うとスムーズに経営を安定させやすいといった面があると思います。

反対側からの視点で見ると分かりやすいですが、例えば、少子化などの要因で年々購買部数が減っていく新聞を見たときに、これから新聞の販売店を開こうとする人はいないでしょう。ガソリンスタンドも同様です。

流行に流されるのではなく、時代の動きを読み取る、時流を読み取るということが大切ではないかと思います。

私の場合は、マーケット規模が年々増加していくインターネット通販という分野でニッチな商材である「テレビの取り付け金具」を扱ったため、ある程度時流に合っていたのは幸運でした。

第一章でもお伝えしたように、**物販のビジネスを小規模からスタートさせる場合には、やはりニッチな商材であるかどうかがキーワードになると思います。**

仮に物販ではなく、工事業や清掃代行のような役務提供のビジネスであったとしても、やはりランチェスターの法則にのっとり、エリアや機能を絞ったところからの展開がカギを握ることになるでしょう。

物販型ビジネスにおける商材や、役務提供型ビジネスのエリアの規模といったことは、大手企業が入ってこないところや、ニッチゆえに競合企業が少ないことに商機があると考えます。

ただし、例えば化粧品のような大きなマーケットでも、ニキビ予防のクリームといったように、機能を絞り込むことで商機を見出して成功しているケースもありますし、突出した商品特性で小規模から大規模に成長している化粧品の会社もあります。

また、清掃市場のなかのエアコンの洗浄だけというように、内容を絞り込んだ役務提供サービスなどもヒットしていますから、一概にマーケットの大小だけではないことも参考にしてください。

5「利益を上げて赤字を出さない」ことに集中する

前述した経営コンサルタントの神田昌典さんの教えに従って、私は出ていくお金よりも入るお金の方が常に多くなるように心を砕いていました。

株式を上場していない中小企業の場合、上場企業に比べると資金繰りはとにかくシビアです。なぜなら、運転資金は売り上げから得るか、銀行から借りるか、またはほかのどこかから借りるか、この三通りしかないからです。

上場企業なら、最悪の場合は株式を発行して資金を得るという方法が取れるでしょうが、非上場の中小企業にはそれができません。

したがって、とにもかくにも現金が命です。現金がなければ、社員の給料をはじめ、その他の経費を払うことができず、それはすなわち「退場」であり、「倒産」を意味します。

「それなら売り上げを上げて、利潤を増やせばいいじゃないか」

と考えますが、前述したように、売り上げが上がれば上がるほど、商材を購入するために現金が減っていくのです。

「売れているのに、お金がない」

というジレンマは、実際に体験してみないと分からない感覚かもしれません。

ただ、とてつもない粗利益や原価がかからないビジネスモデルの場合は例外です。

私の勝手な所感ですが、例えば営業利益が一〇パーセント程度でも、売り上げと現金は反比例の関係にあると思います。

これらのことから、わが社のように小売業で先にお金が出ていくビジネスモデルの場合は、まず銀行の融資ありきで、銀行融資が起業の生殺与奪権を握っているといっても過言ではありません。

逆に、銀行の立場からすれば、そのときに赤字だったり、赤字が続いている企業にはなかなか融資しないものです。数年黒字が続いた後に、特殊要因である年だけ赤字に転落したが、その特殊要因が一過性で翌年からは改善できることが明らかである場合などは融資に応じてもらえることもあるようです。

しかしながら、原則として赤字の会社には、銀行は融資をしません。

これらのことから、ますます中小企業は利益を上げて赤字を出さないことに全力を挙げなければなりません。

6

「攻め（売り上げ）」と「守り（経費削減）」の方法

「利益を上げ、赤字を出さない」ことは、起業して会社を経営する以上、みなさん目指されることだと思います。今さら改まって確認する必要もないほど、原則的に力を注ぐ点です。これらの方法について、私の考えを述べていきます。

まず「利益を上げる」ですが、この方法は売り上げを上げるか、経費を削るかの二点に絞られます。売り上げを上げるのは「攻め」で、経費を削るのは「守り」です。ここでは「守り」の経費削減について、私が取り組んできたことをお話しします。

起業当初は、とにかく経費を抑えたかったのでありとあらゆる経費削減策を実行しました。例えば、ヤフーオークションに中古品を出荷する際には、近くのホームセンターで分けてもらった中古の段ボールを使用したり、隙間に詰める緩衝剤には自宅から持参した新聞紙を用いました。

また、新しいスタッフに入ってもらったときには、給与振り込み用にジャパンネットなどのネット銀行に口座を開いてもらいました。普通の都市銀行では、一回の振り込みで四〇〇から六〇〇円の手数料がかかりますが、ネット銀行の同一銀行内の振り込みなら五五円ですむのです。「みみっちいなぁ」と思われるかもしれませんが、**一事が万事で、こういった細かいところからムダな経費を省くことは黒字体質にするためにとても大切なことです。**

当時、中古段ボールや新聞紙を緩衝剤に使ったことで、購買者からクレームが入ることも予想していましたが、そのようなクレームは一件もなかったと思います。ちなみに、さすがに現在は発送用に中古段ボールは使っていません。

また、ネット銀行の給与銀行振込口座としての利用は、現在も行っていますが、そのために銀行の融資が受けられなかったりするようなマイナス材料はありませんでした。

こういった細かい経費削減策は、起業当初から行うことが非常に大事なポ

イントです。ムダな経費を使う文化を持ったまま月日が経つと、その癖がついてしまいます。

もう一方の「赤字を出さない」ですが、これは仮でも何でもよいので、決算の期日を早めるのが手っ取り早い方法です。もっとも短い期間で仮決算を出すのは日時決算であると聞いたことがありますが、さすがにそれは難しいでしょう。

やはり月次《げつじ》決算が赤字を出さないためのもっともよい施策です。

月次といっても、該当月月末で締めて、翌月一〇日なり一五日なり末日に仮決算（試算表）が出るのですが、最悪翌月末までに仮決算が出れば大丈夫です。

一ヵ月遅れでも赤字の原因を分析して対策を打つことはできますし、期初月から月次決算を行っていれば、一二ヵ月もあるのですから、赤字を出さない対策はいくらでも打つことができます。

7

「キャッシュフロー（現金の流れ）」を把握する

物販の宿命ともいえますが、売り上げが上がっていくにつれてどうしても仕入れのための資金が足らなくなります。売り上げが上がることはうれしいのですが、同時にお金がなくなってしまうのです。

逆に、入金はどうかというと、ＢtoＣで銀行振込や代金引換といった決済の場合はすぐに入金されるのでさほど問題はありませんが、例えばクレジットカード決済となると、入金は早くとも一ヵ月後になります。

また、ＢtoＢで売り掛けの場合は、当月末締めで翌月末払いか翌々月末払いといったように、とにかく入金が遅くなるケースが少なくありません。手形決済で三ヵ月後に入金といった例は、その最たるものだと思います。

それまで、しばしば黒字倒産という言葉を耳にしていましたが、初めてそれを意識しました。「キャッシュフロー（現金の流れ）」をつかんでいないと危ない。それを実感したために、毎日現金勘定を管理する現金勘定帳と、毎月の入金予定と出金予定を表記するエクセルシートを作成して管理するようにしました。

これで資金ショートを起こすことなく、余裕を持って資金繰りの管理ができるようになりました。

これは何かで学んだことではなく、必要に迫られた実務でした。エクセルのフォーマットもすべて手作りでしたが、現在までうまく機能してくれています。少しまとめてみましょう。

▼「現金勘定帳」…年ごとにエクセルのブックを作成し、月ごとにシートを起こし、そのシートの中に毎日の現金残高

を管理するもの。銀行ごとや定期預金、現金勘定のセルを作成し、合計の残高を毎日管理します。これにより、前年との比較や数ヵ月後の推移を想定して現金が多いのか少ないのかといった検討を毎日することができます。

▼「入金予定表」…月ごとにシートを起こし、該当月の入金予定を管理します。何日にどこからいくら入金されるかが、一目でわかります。

▼「出金予定表」…入金予定表の逆で、該当月の出金予定を管理します。支払いの日時と金額を整理します。

これらを重要な順で示すと、①現金勘定帳（または①現金勘定帳と出金予定表）、②出金予定表、③入金予定表といったイメージです。

8

銀行から融資を受けるには

先ほどもお話ししたように、運転資金は売り上げか銀行融資か、他から借りるかの三つの方法が考えられます。

起業当初、通販の仕入れには本業のシステムエンジニアで得た売り上げからの余剰分を回してなんとかやりくりしていました。なるべく予算をかけず、最低の予算で最大の売り上げを上げられるように努力していたのです。

とはいえ、売り上げが伸びると同時に、どうしてもある程度の量を仕入れた方が効率が良くなります。そこで、起業してから一年以上経ったころ、初めて銀行からの融資というものを受けました。金額は一〇〇〇万円でした。

会社の方も一期目の決算を終え、決算書が出来上がっていましたので、それを持って、銀行に融資の相談に行きました。

売り上げこそ少ないですが、営業利益も出ていましたので、たしか二週間ほどで決済が下りて、無事に融資を受けることに成功しました。金額は一〇〇〇万円ですが、融資の契約書に印鑑を押すときには、とても緊張してナーバスになったことを覚えています。その融資額は、その後の運転資金（主に仕入資金）に充てました。

繰り返しになりますが、物販というビジネスモデルはまず仕入れが発生するために、資金が先に出ていきます。そうすると、売り上げがあがるたびに資金が足りなくなってしまうのです。企業経営されていない方にはわからないかもしれません。私も最初は、「会社の利益（営業利益や経常利益）が出ていれば、会社にはその利益が残るのだから、融資などを受けなくてもできるだろう」

くらいに考えていました。しかし、会計上の損益と会社に残っている現金はまったく別物でした。黒字倒産という言葉があるほどですから、会計上は黒字でも資金繰り（現金）に行き詰まって倒産する例はいくらでもあるようです。

また、最初に融資を受けた銀行担当者からは、このように言われました。

「少しでもいいから、利益を残すように」

今の銀行の方にも、基本的に同じことを言われます。利益を残している会社であれば、会社の規模に応じた融資額は出してくれます。おおむね月商の二ヵ月から三ヵ月程度で、多くて四ヵ月から五ヵ月程度でしょうか。六ヵ月以上になると多すぎ、要注意の貸出先に分類されてしまいますので、借りすぎるのも注意が必要です。

ただ、銀行融資に頼らず自己資金で運転できるのであれば、それに越したことはありません。

9 融資を受ける銀行の選び方

融資を受けるのによい銀行の見分け方のポイントはどこでしょうか。

私の場合は、最初は地元の金融機関のうち、信用金庫に融資の相談をしました。いきなり都市銀行や地銀に行くのを躊躇したのもありますが、信用金庫は地域密着型の営業スタイルなために相談しやすかったのです。

前述したように金額は一〇〇〇万円でしたが、「保証協会付き」の融資でした。「保証協会」とは信用保証協会という社団法人で、中小企業が融資を受ける際に、その中小企業が返済できなくなった時に代わりに弁済（支払い）を保証するという機関です。

この保証があることにより、銀行側としては融資金の回収がほぼできることが見込めるので、比較的容易に融資をしてくれます。ただ、保証協会が保証をすることになるため、保証協会の融資審査によって融資が出るかどうかが決まります。

この「保証協会付き」の融資は、起業したての会社などにはとても便利である一方で、注意すべき点があります。それは、一件の企業に対して保証協会が保証する上限枠が決まっていることです。上限枠は数千万円までです。

セーフティーネットという概念があるように、保証協会には前回のリーマンショックの時のように困窮している中小企業を救済するという考え方があり、社会情勢により困窮している中小企業に融資してくれる傾向にあります。

起業したばかりや、規模が飛躍的に伸びている会社の利用は致し方ないとしても、リーマンショックのような不景気に備えて、保証協会の融資枠を空けておくのが理想的です。そのため、私の会社では「保証協会付き」の

融資は最低限に抑えて、銀行独自の融資（プロパー融資）を受けるようにしています。

そうしておくことで、不況時に会社の業績が悪く銀行がプロパー融資をしてくれなくても、「保証協会付き」の融資を受けることが可能な場合もあるのです。

これらのことから、わが社では、原則的にプロパー融資を出してくれる銀行で、なおかつ融資期間が長い銀行とお付き合いするようにしています。もっとも期間が長いところで七年です。

融資期間を気にするのは、月間、年間あたりの返済額が減るのでキャッシュフロー（現金の流れ）がよくなり、手元に現金が残りやすくなるからです。また、金利も安い方がいいですが、最近は低利ですので、選択基準としては低くなります。

金融機関を選ぶ時の選択順位としては、①「プロパーで融資してくれるか」（あるいは①「プロパーでの融資」と「融資期間の長さ」）、②「融資期間の長さ（おおむね五年以上）」、③「金利」、となります。

10 黒字倒産しないための資金繰り

「資金繰りで失敗して黒字倒産」という例は、それまでニュースで耳にする程度でしたが、起業して二年目あたりでイヤというほどこの言葉の意味が理解できました。

前述したように、会計上の利益と会社に残っている現金の多寡はまったくといっていいほど別物です。簡単な例を挙げると、例えばBtoBである会社にまとまった量の商品を販売したとしましょう。金額は一〇〇〇万円分を原価として、それを売価一三〇〇万円として、三〇〇万円の利を乗せて販売したとします。

この販売金の受け取りが手形で三ヵ月後だったとすると、会社の会計上では販売時点で一三〇〇万円の売り上げが計上されて、その分の利益も計上されます。しかし、実際に現金が入るのは三ヵ月後で、しかも原価の一〇〇〇万円は先に出ています。

したがって、会計上ではプラス一三〇〇万円の売り上げですが、実際の現金はマイナス一〇〇〇万円の状態が、三ヵ月後の手形が現金化されるまで続きます。ましてやこのような取り引きが複数あれば、現金はどんどん減ってしまいます。

このようにして、会計上の利益と現金との乖離《かいり》が大きくなり、資金繰りに行き詰まって黒字倒産といったことが起こるのです。

これを防ぐために、わが社では前述のように現金勘定帳と入手金予定表とで資金繰りに困らないように管理しています。これらの帳簿は毎日更新して、社長である私が必ずチェックしています。

11 利益（お金）を生まないものに費用は掛けない

私が起業時に費用面でもっとも重要と考えていたことは、「利益（お金）を生まないものに費用は掛けない」ということでした。

前述の内容と重複するところもありますが、とても重要なことなので、もう少し突っ込んでご説明します。

簡単に言うと、「最初からリスクを上げない」ということです。例えば、交通の便のよい一等地にきれいなオフィスを借りてスタートしたり、オフィスの備品や社用車にお金を掛けたりする、といったことがよくあるのです

が、原則的にこれらのものは、費用は掛かっても、会社の売り上げや利益には何の役にも立ちません。

ほとんどの場合、経営者が見栄を張るために行うものであって、自己満足の世界にすぎません。

私が初めて事務所と呼べるくらいの広さの賃貸物件を借りたのも、最寄りの駅から徒歩二〇分ほどかかる交通の便の悪い、コンビニエンスストアが立ち去った後の物件でした。

その物件は何年も空き家になっていたのを知っていましたから、不動産屋に交渉して家賃を減額してもらいました。ほとんど設備類をそのまま利用した居抜きで使い、部屋の壁紙や床のフロア材などは自分たち会社のスタッフで張り替えて、出費を抑えました。また、社用車も一〇年落ちの安い軽自動車を購入し、電話機やコピー機といったオフィスの備品なども中古で揃え、とにかく経費を掛けないように、掛けないようにと気を遣っていました。

「なぜそこまで経費を抑えるのか」

と疑問に思う方もいらっしゃるかもしれません。

くどいようですが、これらのものがいくら高くても、比例して売り上げが上がるわけではありません。むしろ費用が上がる分だけ、売り上げを上げなければならなくなります。つまり、「赤字になるリスク」が高まるだけなのです。

起業したての会社が、今年はおろか来年以降の売り上げを確保できる自信はありませんから、そうやって経費を抑えたわけです。今でこそ、いくぶん事務所の環境はよくなりましたが、そういった売り上げや利益を生まない設備に費用をかけられるようになったのも、現在の利益があるからなのです。

では反対に、どのようなところにお金をかければよいのでしょうか。

PART 1 インターネットで起業するには
PART 2 会社経営で気をつけること
PART 3 これからのネット事業
PART 4 コミュニケーション力がなくても仕事はできる
PART 5 コンプレックスこそ原動力

お金は、「キャッシュポイント（利益を生むところ）」に集中させるべきです。わが社でいえば、ネットの商品ページ、それらを出店する各社通販モールへの販売手数料、商品を人目につきやすくするための宣伝広告費、その作業をしてくれるスタッフへの人件費、といったところになります。

わが社でも人件費は販売管理費の中でトップに位置づけられる費用ですが、自分ひとりでできる作業には限界がありますから、会社規模の増大に比例してくる費用といえます。

まとめると、私はビジネスで成功したいと思っていましたし、今でもそう考えていますが、そのために起業当初は、まず「見栄」というものを完璧に捨てました。そしてリスクを最小限に抑える努力をしてきました。今でもその考えは間違っていないと思います。

12

原価（商材の仕入れ価格）の判断基準

わが社の商品は、ほぼ九割が海外からの輸入で仕入れています。二〇〇五年（平成十七年）頃のことですから、中国が「世界の工場」と言われるようになってしばらく経った時期ではないかと思います。

当時は輸入のことなど何もわからなかったので、大須賀祐さんのセミナービデオや著書を見て勉強しました。大須賀さんは輸入ビジネスセミナーの講師をしていらっしゃる、輸入ビジネスの祖のような方です。

ビデオの中でもっとも印象に残っているのは、

「仕入れ元が一〇〇〇円で卸している商材なら、販売価格はその二倍、三倍

で売れるものでなければならない」

というものです。それまでサラリーマンをしていた私からすると、

「そんなに原価率が低くなければ駄目なのか」

と思いましたが、実際に自分がビジネスを始めてみると、その意味がわかるようになりました。

仕入れた商品を販売できるまでにはとても多くのコストがかかるので、それくらいの原価率でないと儲けが出ないのです。

もし、原価率が七割、八割といった商品を輸入して日本で販売しようとするなら、よほど多売ができるか、もともとが高額商材でなければ利益が残りません。

ですから、これから新規に商材を探される方は、仕入れの二倍か三倍で売値が設定で

きるか、というところに着目されるといいでしょう。もちろん、二倍や三倍でなくて、それ以上であればなおさらよいです。

ちなみに、以下に仕入れから販売までにどのような費用が掛かるかをざっとまとめましたので、参考にしてみてください。

①先方の工場から、自社倉庫へ運ぶ輸送料（コンテナ輸送費、日本に入る際にかかる税金、輸入業者への手数料、国内のトラック運搬費）
②入荷した商品の検品費用
③商品へ同梱《どうこん》する説明書の入れ替え作業費用
④商品を保管する倉庫の地代家賃など
⑤これらを行う倉庫スタッフの人件費など

これらは商品の輸送から入荷までに絞った費用ですから、もちろんその他の商品ページ作成や運用管理などの費用も、別途必要となります。

13 販売価格のつけ方

いざ起業して経営者が一様に困るのは、商品の価格設定ではないでしょうか。

私の場合はモノを販売する物販なので、そのモノ（商品）にいったいいくらの販売価格をつければいいのだろうか、ということについて当初はとても考えましたし、今でも値付けに正解はない、と思っています。

これはモノではなく、サービスなどの形のない商品でも同様でしょう。大変難しい問題だと思います。

ただし、販売価格については、経営者の方針が直接反映される経営判断の大事な要素だと思いますので、そのあたりについての私の考えをお話しします。

まず最初に、よほど希少価値のあるものや、特異なサービスでない限り、モノでもサービスでも世間一般の相場というものがあると思います。

その相場にもある程度幅があります。①相場より高めにするのか、②相場に追随していくのか、③相場より安くする、いわゆる安売り戦略を取るのか。おおむねこの三つの大方針を決める必要があります。

言うまでもなく、相場より高めにすればそれだけ販売個数は伸びないでしょうし、相場より割安で販売すれば個数は伸びるでしょうが、粗利は悪くなります。

私の場合、起業したばかりの頃は売上個数をにらみながら価格の調整を頻繁に行いましたが、今はある方針を決めています。

それは、「極端な安売りはしない」ことと、「相場から少しでも高めを目指す努力をする」ことです。相場より安めのいわゆる安売りをすると、販売稼働が増え、販売管理費が多く費やされるようになります。

例えば、問い合わせや受注稼働、クレーム処理などです。うれしい悲鳴とも取れるのですが、仕事は忙しいけれど、利益率はその忙しさに比例して伸びないというジレンマに陥ります。

会社の規模にもよりますが、わが社の規模だと薄利多売でも利益がたくさん取れるというレベルではなく、かえって販売稼働の増加によるデメリットが目立ってくるようになります。

また、薄利多売の戦略を取ると、商品一つひとつに対する品質アップのコストをかけにくくなります。これはクレームの増大にもつながります。

お客さまに喜ばれるために商売をしているのに、買ってもらうたびにクレームが多くなるのは本末転倒だという思いがありますし、あまりにクレームが多いとスタッフのモチベーションも下がります。

やはりそれなりのコストをかけて品質を保ち、そのコストを販売価格に反映した結果、お客さまにも満足していただき、会社も利益を頂戴する、というのが本筋だと考えています。

ただ、販売価格については、ほんとうに経営者の判断次第なので、「とにかく販売数を増やして、シェアを伸ばすのだ」などという方針もありだと思います。

また、「創業当初は割安でいくけれど、軌道に乗ってきたら相場以上に持っていく」など、時期的な要素や会社の規模、環境によっても変わってきますので、適宜しっかりとした方針を持っていればいいのだと思います。

14

「人に始まり、人に終わる」企業の成長は社員次第

創業社長は会社を成長させようと頑張りますが、それを続けていくと、どうも二つのパターンに分かれていくようです。

一つ目は、起業以後、何年も何十年もとにかく社長一人が頑張るパターン。

二つ目は、社長一人が頑張っても限界があると気づき、いかに社員に頑張ってもらって会社を成長させるかと考え、成長させていくパターンです。

前者の場合は、売り上げでいうと五億から一〇億円、多くても二〇億円くらいではないかと思います。何事にも例外がありますから、絶対ではありませんが……。

社長といってもスーパーマンではありませんし、一日は二四時間しかないというのもほかの人と同じです。私は自分のことを凡人あるいは劣等生と思っているので、「社長の力なんてたかが知れている」

というのが本音です。だから、ある程度のところまで社長が先頭を切って頑張るのですが、それ以降の成長には、社長を除くすべてのスタッフの力がものを言うと思っています。

本当に会社が成長するためには、

「人に始まり、人に終わる」

の言葉通り、社員の成長にかかっていると考えます。

15 採用のポイントは「学歴」より「人柄」

では、会社を成長させるには、社員をどのように採用して育てていけばよいのでしょうか。

私の場合、自分が高卒というのもありますし、まだ会社自体も小規模ですので、採用時には、あまり学歴を重視していません。これまで募集と採用をしてきた経験から、学歴よりも性格を重く見ています。

面接のときの短い時間の中だけですが、それでもやはりその人なりの個性は出てきます。性格も割合顕著に表れるものです。

例えば、面接の時の簡単な受け答えがぶっきら棒な人は、業務に入ってもやはりぶっきら棒です。協調性があってコミュニケーションを大事にしそうな人は、業務に入っても人間関係を良好に保ちます。

仕事の出来具合も確かに大事ですが、それと同じかそれ以上に、性格を重視したほうが、その後の業務チームの生産性は上がります。

これは、わが社で実際にあったことです。

もともとAさんとBさんはあまり馬が合わなかったのですが、そのうちに、本来業務としてしなければならないコミュニケーションも取らなくなってしまいました。現在では、社内のコミュニケーションは口頭だけではなく、メールでやり取りすることもできます。ところが、さまざまなツールがあるにも関わらず、業務として伝達しなければならないことも怠り、お客さまからクレームをいただいてしまう事態となってしまったのです。

Aさんに話を聞いてみると、

「Bさんが嫌いだからコミュニケーションを取らなかった」

と、開き直りとも取れる理由を告げられました。結局、そのチームの生産性は著しく落ちてしまいました。

逆に、仕事の出来不出来にかかわらず、業務チーム間の人間関係がスムーズなら最低限の業務は回りますし、そこからさまざまな工夫をして生産性を上げることができます。しかし、人間関係が悪いチームには、そういった手段を取ってもベースの人間関係でつまずいてしまうので、うまくいきません。

仕事がとてもできるけれども協調性が乏しい人の場合は、その特性が活かせるポジションを提供できるかどうかが大事です。チームプレーが大事な部署にこのような人を入れる場合には、その人の生産性よりもチームプレーが乱れることによる全体の生産性の低下の方が大きいのです。

わが社の場合は、インターネット通販を業務としていて規模も大きくないこともあり、そのようなポジションを提供できず、生産性の低下を招いてしまいました。このことを教訓にして、わが社の採用のポイントは、現在では性格重視となっています。チームプレーが大事なポジションの場合には、面接の時に特によく気をつけるようにしています。

16

社長はカリスマ性がなくていい

突出した業績を上げている企業に対して、

「あの社長はカリスマ性があるねぇ」

「あれほど特異な社長だから、あそこまで伸びるんだね」

という話をよく耳にします。たしかにその通りで、社長にカリスマ性があるがゆえに人が集まってきたりして、会社を盛り上げる要素になっているのも事実です。ただ、

社長にカリスマ性があるがゆえに、その企業が一代で終わる可能性も高いのです。

なぜなら、その社長の次の世代を継ぐ人はカリスマ性を持たないことがほとんどだからです。創業社長のカリスマ性のみを原動力にして盛り上がっ

た企業は、その人が社長でなくなった途端に業績が落ち込むというのはよくあることです。

なぜこんなことを言うかというと、

社長にカリスマ性がなくても数億、数十億、またそれ以上の規模の会社をつくることができると思うからです。私自身が超凡人だと思うだけに、余計そう感じるのかもしれません。会社の業績を上げる要素のほとんどはとても地味なものなのです。

私は、成功するには成功した人の考え方を身に着けることが一番手っ取り早いと思っています。起業間もないころにはしばしば成功している人のセミナーに行ったり、本を読んだりして、その人のやり方を自分の会社に取り入れていました。

ところがあるとき、会社の若手スタッフから、

「社長の言っていることは、○○さんの受け売りだから」

と揶揄《やゆ》されたのです。そのときは、

「そうだな、確かに受け売りだな」

と思い、悩んだものでした。しかし、今は、私は胸を張って言えます。


「私は凡人だから、成功している人の考え方をまねて、成長していくのだ」

と——。

確かにカリスマ性があって、メディア戦略も上手で順調に成長している企業を見ると羨ましいですが、

カリスマ性がないからといって諦めることはありません。

凡人でも成功している人の考え方に近づけて行動すれば、うまくいきます。

17 社長が一般業務をするのはNG

個人経営からスタートして一〇年以上経ちました。初めの頃は一人で通販事業をスタートしたので、何もかもすべて自分でやっていました。

通販モールへの登録、立ち上げ、商品ページの作成、受発注業務、発送、クレーム処理、メール対応、電話対応など……数え上げればきりがありませんが、販売数量こそ少ないものの、それこそすべてこなしていました。

そして、販売量の伸びとともにスタッフが増えていったのですが、個人で立ち上げた自負もあって、起業当初は、私自身もこれらの一般業務をバリバリに行っていました。

ただ最近は、一般業務は極力やらないようにしています。なぜなら、経営的な業務と一般業務の両方を行っていると、いずれ限界がやってくるからです。

私も一人の人間ですし、一日の時間も二四時間でみんなと同じです。そんな私が頑張って両方やったとしても、生産性という面からはたかが知れています。
例えば、私が一日六時間寝ているところを半分の三時間に減らして、削った三時間を一般業務に充てたとして、その見返りに売り上げが二倍になるかといえば、まずそのようなことはありません。

ただ、勘違いしないでいただきたいのですが、そのような頑張る姿勢はとても大事です。頑張る姿勢を残しつつ、ある程度の規模に会社が育ってきたら、社長は一般業務を行わない方がいいということです。

なぜなら、社長がいつまでも一般業務をしているとスタッフが育たず、一般業務におけるリーダーが不在になるという弊害が生じてしまうからです。社長がリーダーでやっていれば、みな社長の指示に従って、自分で考えることが少なくなり、リーダーは育ちません。

また、リーダーとして一般業務を引っ張っている社長が病気になったりして戦線から離脱すると、途端に業務が回らなくなります。社長の業務離脱に、現場が回らないという二重苦に陥ってしまうわけですから、会社にとっては死活問題となります。

社長の病気も一大事ですが、最低限一般業務が回ってさえいてくれれば、次善策を打つ期間が、数ヵ月または一年程度など、かなり長期的スパンで考慮して実行する余裕が生まれます。リスク回避の観点からも、会社がある程度の規模になったら、社長は一般業務を行わない方がよいのです。

こういった事情を知らないスタッフは、「なぜ、社長は偉そうに一般業務をやらないんだ！」と思うかもしれませんが、実はリスク回避や組織づくりといった大きな目的があるからなのです。

では、「ある程度の規模」とはどのくらいを言うのでしょうか。

これは経営者の考え方次第です。それこそ一億円未満の売り上げ規模くらいから、リスク回避や組織作りを目的として一般業務から離れる方もいれば、一〇億円や二〇億円の売り上げでも現役でプレイングマネジャーを実行されている方もいらっしゃいます。

これについては、経営者の考えや方針次第になるかと思います。

18 節目ごとに現れる「売上高の壁」

会社には「売上高の壁」というものがあるようです。
例えば、一億円、三億円、五億円、一〇億円といったように節目になる売上高がありますが、「このあたりで壁にぶちあたる」というものです。

まずはその売上高を達成するための、マーケティングやセールスなどの壁。その節目近辺を達成するか、達成しようとしているときに起きてくる組織や人の問題にまつわる壁。

経営者であるからには「いくらくらいの売り上げにしたい」「どのくらいの会社規模にしたい」などといった経営目標をお持ちでしょう。そして、その一番簡単な尺度である売り上げ目標をクリアすることを真っ先に行おうとするのが経営者の性《さが》だと思います。

面白いことに、この目標が達成値付近になってくると、付随して生じてくるのが組織や人の問題なのです。

抽象的な例えになりますが、売り上げが数億円くらいになると人事採用の面で問題が出たり、組織の内部統制の問題が出たりする、といったような「壁」が、節目ごとに現れてくるのです。

このようなステップを経験された経営者の方であれば、

「このくらいの売り上げに来たから、こんな問題が出るだろう」

などと次善策を打てるのかもしれませんが、私を含めて多くの経営者はこのような経験は初めてですし、トラブルが起きてから打開していくという対症療法になりがちです。何しろ売り上げ目標を達成することばかりに血眼になっている状態でしょうから。

では、そのような売り上げ規模の増大を意図しつつ、将来、予想される問題が起きたときの心構えや事前準備についてどのように学んでいけばよいのでしょうか。ここは先人からお知恵を拝借するしかありません。

時代が変わるスピードはとても早くなっていますから、先人の教えがそのまま今の時代やスタイルにあてはまるかというと、そうではないこともあると思います。

ただ、おおざっぱに「このあたりの問題が起きてくるから、それに対応するよう備えておく」というのは、それをしなかった場合に比べて、その後の対処の仕方に雲泥の差が出てくると思います。

19 先人の教えに学ぶ

先人として、私がとても参考にさせていただいているのは、池本克之さんです。池本さんは、かつて売上高が数億円だったドクターシーラボという化粧品会社を、たった二年で売り上げ一〇〇億円以上にして上場させ、さらに、インターネット通販会社ネットプライスの売り上げを数年で劇的に飛躍させて上場まで持っていったという、凄腕の経営者です。

今ではコンサルタント会社を経営されていて、私のような中小企業から大企業の経営者まで親切丁寧にコンサルタントしてくださる、ありがたい存在となっています。

コンサルタントの媒体も、メールマガジンから書籍、CD、ビデオ、グループコンサルタント、個別コンサルタントなどを手がけ、価格帯も幅広く揃えられていて、経営者一人ひとりが支出できる範囲内で会社経営に関するノウハウを効率よく習得させていただけます。

大きく分けて、「会社規模に応じて売り上げを上げる方法」「会社組織、人にまつわる問題の解決方法」を、先の媒体で伝授してくださいます。

私も起業当初より、メールマガジンや書籍、CDなどは常にチェックし、何かあればグループコンサルティングに相談させていただいています。

何しろ、たった数年で売上げ高を数億円から一〇〇億円以上に増大させ、またその成長過程にまつわる組織、人の問題を経験し打開策を持たれている方なので、そのノウハウや情報に間違いはありませんし、とても信頼が置けます。池本さんについては、参考URLを巻末に記載しますので、興味のある方はぜひ参考にされてください。

20

競合他社の動向を注視する

わが社のようなニッチな業界でも、競合社は何社もあります。ただ、扱う商品がテレビ金具ということで、競合数はさほど多くはありません。それでも競合会社が存在しているわけですから、それなりに競合社の分析はします。

もっとも注目して分析しているのはインターネット事業の通販小売業ですから、グーグルの検索エンジンでの表示順位（SEO　以下、SEO）と楽天などのモールでの検索表示順位です。

インターネット通販での宣伝広告の要が、このSEOとモール内SEOなのです。

例えば、お客さまがグーグルで検索したときに、検索結果の一枚目に表示される店舗と二枚目に表示される店舗とでは、売り上げに雲泥の差が生じます。

数年前に確認したところでは、人は検索ページの二枚目はほとんど見ない、という事実がありました。たしか二ページ目に表示されるコンテンツ（店舗　以下、コンテンツ）

がお客さまに参照される確率（クリック率）は、一割にも満たなかったと記憶しています。

そうすると、ほんとうに売り上げを伸ばしたいなら、絶対に検索結果ページの一ページ目を目指すべきで、さらに一ページ目の上位に表示されるのが望ましいのです。

ただ、競合他社も同じことを考えますから、どちらのコンテンツがグーグルやモールに評価され、表示順位上位に入るかは、コンテンツの情報量や情報の質、さらにある程度のノウハウが必須となります。

この部分は、商品の品質や価格などとともに重要な販売戦略の要となりますので、常に注視しています。

さらに、もっとも動向を注目しているライバル社は——何を隠そう、以前うちにいたスタッフが、わが社をやめて独立してつくった会社なのです。その元スタッフが立ち上げた会社が、現在、一番強力なライバル社となっているのです。

21 社員が辞める前に必ず「競業避止義務《きょうぎょうひしぎむ》」の覚書を交わす

起業してから二年ほどたった頃のことです。当時は四名くらいで運営していて、私はシステムエンジニア業と通販の二事業をやっていたため、昼間のほとんどはシステムエンジニア業に費やして手が足りない状態でした。

ちょうど同じ中学の同級生が経営していた会社（といっても、二人で営んでいたので共同経営でしょうか）が業績不振などの理由から辞めることになり、私は同級生でない方の人をわが社に引っ張りました。

その彼（仮にSさんとします）は仕事がよくでき、画像ソフトの扱いなどにも長けていたので、すぐに通販の責任者になってもらいました。

創業して三～四年ほど経つと、通販の売り上げも順調に伸びて、通販スタッフも六名ほどに増えていました。

ところがその頃、私とSさんは目指す方向が違うようになっていて、Sさんが会社を辞めることになりました。

テレビの金具だけでなく、違う商材も扱って業績を伸ばしていきたいと考えていた私に対して、Sさんはテレビ金具だけに専念したいと希望していました。結局、自分の思いが通らないと知ったSさんは、会社から離れることになったのです。

ところが、Sさんに通販事業をほぼ任せて見てもらっていたことから、Sさんが辞めるときに通販事業の他のスタッフも辞めることになってしまったのです。Sさんを含めて、四人が抜ける形になりました。

その成り行きに私は愕然とし、途方にくれました。ただ、残ったスタッフと何とかするしかないので、懸命に努力しました。そのうち減ったスタッフのカバーもできるようになり、心配された会社の運営も軌道に戻すことができました。

そんな折、何気なくインターネットでSEOの順位を確認していて、私は驚愕しました。わが社を去っていった四人が会社を立ち上げ、しかもテレビ金具という同じ商材の通販店舗を立ち上げていたのです。さらに、商材はわが社が仕入れていたのとまったく同じ商品なのです。いわば、わが社のコピー会社ができあがっていたのでした。新しい会社を立ち上げたといっても、他の事業や商材であれば、きっと今でもいい付き合いができていたことでしょう。

しかし、同じ事業、同じ仕入元というところに、正直に言って、私ははらわたの煮えくり返る思いがしたことを覚えています。訴訟を起こすなどの法的措置も考えましたが、とても大事なことを行っていなかったことを知り、法的措置に訴えることも諦めました。

そのもっとも大事なこととは、「競業避止義務　覚書の締結」です。

「競業避止義務」とは、会社組織に属した人が、その会社組織を退いたのちに、当該会社組織で知り得た業務機密情報を利用して同じような営業をしてはならない、という会社と退社する人との間で結ぶ事項です。

会社側としては、会社の仕入れ先や販売ノウハウなどを、かつてその会社に属していたからという理由でむやみやたらに退職後に利用されたのではたまったものではありません。それゆえ、この覚書の締結がないと安心して会社経営ができないのです。

ただ、退職した当人には、職業選択の自由という権利も当然あるわけで、この「競業避止義務」の効力がどこまであるのか。ただ「競業避止義務の覚書」が重要な案件であることは、訴訟について弁護士に相談していて初めて知ったのでした。

この覚書を交わしていなかったために、訴訟を起こすことができず、元スタッフが営業する店舗の趨勢をただ傍観するしかありませんでした。

その後、この元スタッフが立ち上げた会社は、時間の経過とともに、とても手強い競合会社として成長していきます。何といっても、向こうはわが社の起業当初のノウハウをすべて知っていますし、仕入れ元も押さえているのです。

言わば、わが社はゼロから一にするスタートであるのに対して、向こうは一から二にするスタート地点の違いなのです。今ではとても強力な競合会社に成長していて、売り上げ規模などではわが社と同じようなポジションに位置しているのではないかと思います。

どんな理由があるにせよ、今属している会社に不満もなく働き続けたいという人であれば、その会社を辞めることはありません。直接的か間接的、あるいは不可抗力的な理由にせよ、何かしらの不満があるから辞めるのです。辞めるときには、会社のことを少なからずよくは思っていないものです。

経営者側としては、長く勤めていただくことを一番の目標と課題にしたうえで、次善策として辞めたあとの対策も考えておかなければなりません。「競業避止義務の覚書」の締結は、とても重要です。

PART2 まとめ

初心者社長が会社経営する秘訣

1 出ていくお金（経費）より、入ってくるお金（利益）を多くする！

2 「キャッシュポイント（利益を生むところ）」に費用を集中させる！

3 カリスマ性がなくても、成功している人から学べば社長はできる！

こんな落とし穴に気をつけよう

1 甘えが出やすい友人や親戚とは起業しない

2 社員は「学歴」より協調性のある「人柄」を重視する

3 辞める社員は要注意！　競合阻止対策と離職率を減らす努力をする

第三章

PART 3

これからのネット事業

1

「してもいい失敗」と「してはいけない失敗」

私も他の起業家と同様に、数多くの失敗をしてきました。

起業してしばらくしてから知ったことですが、起業して成功されている方の多くが、たくさんの失敗をして、その中から自分に合った成功への道しるべを見つけて、さらなる成長を実現しているのです。

一般に伝わる情報だけですと、どうしてもプラスの面（成功要因）に陽が当たり、マイナスの面（失敗要因）は目につきません。

そんな中で、セミナーなどで懇意にしていただいた方からお話を伺うと、やはり成功の陰に数多くの失敗をしているのです。

あくまで持論ですが、成功している人ほど失敗の数も多いように思えます。

つまり、行動量の多寡が成功へのバロメータになっているのです。成功している方ほど行動量が多く、比例して失敗の数も多いということです。

そのことに気づいてから、私は失敗は「何か行動を起こした結果である」と考えることにしました。

一生の間に取得した特許が一〇〇〇件以上といわれる発明王のエジソンは、アルカリ蓄電器一つを発明するまでに五万回もの実験を行いました。それだけ失敗しても諦めずに、成功するまで実験を続けたのです。そして、失敗するたびに「これで成功に一歩近づいた」と言ったそうです。

エジソンではありませんが、私も失敗したときには、「この方法や行動では、失敗するということがわかった」と考えることにし、あまりくよくよしない癖が身につくようになりました。

ただし、失敗にも「してもいい失敗」と「してはならない失敗」の二通りがあります。

○ **してもいい失敗**

その行動によって受けるダメージが小から多くて中くらいに収まるもので、会社の未来に重要な影響を与えないもの。

× **してはいけない失敗**

その失敗が致命的なもので、会社の存続に関わるようなもの。

先ほど、失敗は仕方がない、と言いましたが、例え失敗したとしても、「してもいい失敗」に収まるようにして、まず計画を立てて行動し、「してはいけない失敗」にならないように動く必要があります。

2 商品選びの失敗例

ここからは、いくつか私の経験した失敗についてお話ししていきます。

今まで何通りかの種類の商品を扱ってきて、現在のようなテレビ金具一本のスタイルに落ち着きました。これまで扱ってきた商品の例を挙げると、ジーンズ、ＬＥＤ電球、パソコンパーツ、中古スピーカーなどです。

起業当初はテレビ金具だけでなく、いろいろな商材を扱ったと前述しましたが、その後はさまざまな商品を試しては売り、試しては売りを繰り返していました。そんな中で、先に上げた商品で唯一形になったのが、中古スピーカーでした。

中古スピーカーといっても、オーディオメーカーで有名なＢｏｓｅ社の製品に絞り、中古品を仕入れてオークションサイトで販売したのです。この商材は、比較的利益率も高く、販売量も悪くはありませんでした。

しかし、やがて販売をあきらめることになります。

では、なぜ撤退したか。

その理由は、一つには「仕入れルートの確保の難しさ」であり、二つ目は「販売までのメンテナンスの作業量」によるものでした。

まず一つ目の「仕入れルートの確保の難しさ」については、国内では一部カラオケ業者から仕入れたりしていましたが、このルートでは仕入れ量の確保が難しく、また定期的に入って来るわけではないので、仕入れ量の目標が立てられません。

また、「販売までのメンテナンスの作業量」も問題でした。海外のオークションサイトからも仕入れていたのですが、アメリカから仕入れた中古品は品質が悪く、販売に至るまでの作業量や費用がとてもかかるのです。やはり、モノへのいたわりという面では、日本人は世界一なのかもしれません。

中古品は、販売するまでに清掃や仕上げ、それに品質チェックなど、新品とは比較にならないほど手間ひまがかかり、費用も多いものでした。

これらの理由から、割合によい売上げを保っていた商品だったのですが、ある時を境に撤退したのです。

そのほかの商材は、仕入れルートを確保しなかったのですが、やはり仕入れた分を確保するのがやっとで、とても継続して販売し続ける自信は持てない商材ばかりでした。

インターネットが普及し始めて、インターネット通販のお店が多く出店されるようになった二〇〇〇年の初め頃でしょうか。

当時、インターネット通販といえば、多くの店舗運営者は総花的で百貨店のような通販店舗を目指したものです。


しかしながら、時代の趨勢で、現在ではよほど大手でない限り、総花的インターネット通販は流行らないように思います。

こういったことから、わが社では現在、一つの商材に絞って専門店化しています。

3 なぜ新規事業が失敗したか

これまで、何種類かの事業にチャレンジしていますが、芽が出ていません。

例を挙げると、中古自動車輸出、中古オートバイ輸出、ブランド品・貴金属買取フランチャイズ店です。

失敗の項目でお話ししたように、新規の事業費用を致命的な失敗にしたくないために、必要最小限の出費として新事業を試みましたが、いずれも撤退しています。どれも収益トントンか、小幅な赤字で収束しました。

新規にチャレンジした事業が、芽が出なかった理由は何だったのでしょうか。

いくつもの要因があるので、それらを挙げてみます。

まず一つ目は、販売する現地にスタッフを置かなかったことです。

中古自動車はアフリカへの輸出、中古オートバイはカンボジアへの輸出でしたが、現地に自社のスタッフを置かずにほぼネットで完結させるビジネスモデルでした。これが失敗の大きな要因だったと思います。

なぜなら、やはり自動車やオートバイを買う時には、現物を見て状態などを確かめたくなるのが人情というもの。いくら写真をたくさん見せられて説明文が多かったとしても、ネットの情報だけで自動車やオートバイを買うなら価格を抑えたものになりがちですし、販売数も伸びませんでした。現地に自社の拠点を置くことなしに輸出販売を行うのは甘かったようです。

二つ目は、専門のスタッフを育てるのが困難という点でした。

ブランド品・貴金属買取フランチャイズ店は、これも三年ほどで撤退しました。もともとフランチャイズなので利益が薄いのです。

また、買取る際に偽物をつかんでしまうリスクを軽減するために、買取スタッフは初期研修を受けるのですが、この研修には一ヵ月半で五〇万円以上もかかるのです。そのスタッフが店舗に立てるまでに、相当の期間と費用が掛かるビジネスモデルでした。最初のスタッフは一年以上在籍してくれたのですが、次のスタッフ、三番目のスタッフが研修を経てもすぐに辞めてしまうという事態が続いたために、この事業からは撤退しました。

新規事業にチャレンジしても、芽が出ないうちに撤退するのはとても悔しいですし、恥ずかしいです。聞くところによると、新規事業にチャレンジして芽が出る確率は、一割あればいい方だそうです。

それほど新規事業は難しいのですが、一方で、既存の事業を伸ばしていきつつ他の事業も開拓しなければ、事業全体の頭打ちが見えてしまうことにもなりかねません。

新規事業に関しては、今後もリスクの許す限りチャレンジしていきたいと思っています。

4 クレーム処理のコツ

インターネット通販を事業として行っている限り、クレームはなくなることはありません。ただ、クレームを少しでも減らすような努力は必須課題だと思っています。

起業当初は、それこそ大きなクレームから小さなものまで多種多様なクレームを受けたものです。今でもまだ、「添付されているはずのネジが一本足りない」といったような小さなクレームはありますが、大きなクレームは減ってきています。

ここでは、クレームの処理のコツについてお話しします。

まず、大きなクレームを二つに分けます。「クレームの原因が自社にあるのか」「自社以外の原因によるのか」という点です。

「自社に原因がある場合」は、ユーザーの立場に立って解決しようとします。ただし、その場合でもできることとできないことがありますので、その点については販売ページに明記するようにしています。

後者の「自社に原因がない場合」とは、配送業者など他社の原因によるものです。例えば、日時指定をされた注文を受けて、その通りに配送業者へ商品を届けたとします。ところがそのお客さまの地域が積雪などにより、配送業者が指定された日時に届けられないことがあるのです。

その場合に、お客さまから、

「この○月○日の○時頃に商品が届かないと予定していた工事ができず、工事業者に無駄な工事代金を払わなければならないから、その分を弁償してほしい」

というクレームが来たとします。これは自社に非はないものですし、こういったクレームをまともに受けて弁償していたら、コストがかかりすぎて事業経営ができなくなります。

そのため、「こういったクレームは受けられない」というポリシーを決めて、販売ページに明記し、販売契約する上で明言する必要があります。

5 よくあるクレームとは

クレームで多いのは、以下の四つです。

①商品に問題があり、改善方法を要求されるもの
②商品に問題があり、商品の交換または付属品を要求されるもの
③指定した日時に届かない場合の謝罪、弁償など
④商品に問題があった場合に、そのほか（工事など）に関連する金銭の賠償

こういった種類のクレームが最も多いのですが、前述したようなポリシーに則って処理します。ただし、

自社に非があった場合は誠意を尽くす必要がありますので、それこそ謝罪を繰り返すといった場面も起きてきます。商品自体に問題がある場合には、品質をよくしたり品質チェックを徹底するなどの努力をし、人為的ミスによるクレームに対しては、「業務マニュアルの作成と徹底」や「ミス撲滅のためのチェックリストの導入」などの対策を取っています。

これも起業当初の話ですが、定期的にまとまった注文をしてくれている宮崎県のお客さまから発注がありました。ところが、その発送が受注担当者のミスで行われていなかったのです。配達ご希望日の当日、お客さまから電話があり、

「どうしても本日中に商品がないと、取引先に重大な迷惑が掛かってしまうので、なんとかならないか」

と言うのです。わが社は神奈川県にありますから、当日に届けるには、わが社のスタッ

フが飛行機で現地に品物を届けるしか方法はありません。たまたまその日は、私がいたので、羽田空港から宮崎まで飛行機で向かい、商品を届けました。

このような対応をしたのは、後にも先にもこの一回だけですが、しんどかったのを覚えています。

これはわが社に起因するミスですが、今でこそこのようなことは「できないこと」として切り分けてお客さまへの謝罪としていますが、こんなこともあったな、と思い出として残っているクレーム対応です。

6

「お客さまにどれだけ喜んでいただけるか」が企業の存在価値

次は、反対にお客さまから喜ばれたケースについてお話しします。

企業の存在価値は、この「お客さまにどれだけ喜んでいただけるか」の質と数によって決まると思います。

売り上げを伸ばしている大手企業は、この「お客さまに喜んでいただいた　質×量」がそれだけ多いのでしょう。また、中小企業でも希少性の高い専門店などでは「お客さまに喜んでいただいた　数」こそ少ないかもしれませんが、「お客さまに喜んでいただいた　質」が高いので、結果として質×量の掛け算の結果が高くなり、繁盛するのだと思います。

確かにクレームは心が痛むのですが、わが社に責任があるのであれば、なくす努力をするようにして活かし、お客さまに喜んでいただくことを少しでも増やす努力が必要と考えます。

このことは、モノやサービスを提供する立場に立つと忘れてしまいがちなので、常に念頭に置く必要があります。

例えば、自分がレストランに行った際に、接客にあたった店員の態度が悪いと、「二度とその店に行くものか」と思いますよね。

そのようなお客さまの体験の数が多ければ多いほど、そのレストランの将来は危うくなります。提供された料理がとても美味しかったとしてもです。

ところが、自分が提供する側になると、いつの間にか提供する側の理屈を優先させてしまいがちになるのです。

クレームなどの事象が起きたときには、極力相手の立場に立って、

「自分だったら、どのように思うか」と考える習慣をつけるようにしています。

現在では、「お客さまの声」を知るとても便利なツールがあります。例えば楽天では、購入したお客さまから「店舗に対する評価：五点満点」「購入した商品に対する評価：五点満点」があり、これらは内容は違っても、インターネット通販のモールであればどこでも付加されている機能です。

これらモールの評価をとても重要視していて、お客さま満足度を本当に満たしているか、またそこから波及的に自社の売り上げが継続して上げられるか否かの重要な指標としています。

例えば、楽天の場合、五点満点は厳しいとしても、四点台で「及第点」、三点台なら「頑張りましょう」、三点未満は「もっと頑張りましょう」といったところでしょうか。

おかげさまで、わが社の場合は、四点台の中から後半を維持させていただいています。

7

店舗（会社）の趨勢《すうせい》はトータルオペレーションにかかっている

これから起業されようとする方や、起業されて間もない方がしばしば勘違いしてしまうものに、「うちの商品（サービス）は、よい商品（サービス）だから、必ず売れる！」という思込みがあります。間違いではないのですが、実際にはそれだけでは売れません。

インターネット通販を例に挙げると、商品の仕入れから実際の販売までは、以下のようなポイントがあります。

(1) 商品の品質、価格
(2) 販売ページの見やすさ、情報量
(3) メールや電話対応などのスタッフの応対品質
(4) 「どれだけお客さまの目に入るか」というマーケティングや広告宣伝の量
(5) お客さまが注文しようとした際の注文までのスムーズさ
(6) お客さまが注文して決済しようとした際の決済手段の多さ
(7) 注文してからお客さまの元へ届くまでの配送スピード
(8) 問い合わせの際のスタッフの対応品質（アフターフォロー）

前述した起業当初の方が陥りやすい間違いは、この(1)しか見ていないところです。確かに「商品の品質、価格」はとても重要なファクターなのですが、実際にお客さまは(1)から(8)までのすべてのオペレーションを通して商品を購入されます。

問い合わせやアフターフォローがない場合もありますが、基本的にすべての体験を通して、その会社なり店舗、商品が評価されます。したがって、これらのトータルオペレーションのすべてを「並」以上にする必要があります。
以下のように考えると分かりやすいでしょう。

1点超：並、普通より良いレベル（点数が上がるにつれ快く感じる）
1点：並、普通のレベル
1点未満：並、普通未満のレベル（お客様が不快に感じるレベル）
0点：お客様が二度とそのお店を利用したくないと感じるレベル

⑴から⑻までのポイントにそれぞれ点数がついているとして、

例1　商品の品質のみが、ややよいケース

⑴商品の品質、価格・・・・・・・2点
⑵販売ページ・・・・・・・・・・1点
⑶スタッフの応対品質・・・・・・1点
⑷マーケティングや広告宣伝の量・・1点
⑸注文までのスムーズさ・・・・・1点

(6)決済手段の多さ・・・・・・・・・1点
(7)配送スピード・・・・・・・・・・1点
(8)アフターフォロー・・・・・・・・1点

これらすべてを掛け算すると、2×1×1×1×1×1×1×1＝2
合計2点となります。

例2　商品の品質はよいが、アフターフォローがやや悪いケース

(1)商品の品質、価格・・・・・・・3点
(2)販売ページ・・・・・・・・・・1点
(3)スタッフの応対品質・・・・・・1点
(4)マーケティングや広告宣伝の量・1点
(5)注文までのスムーズさ・・・・・1点
(6)決済手段の多さ・・・・・・・・1点
(7)配送スピード・・・・・・・・・1点
(8)アフターフォロー・・・・・・・0.5点

これらすべてを掛け算すると、3×1×1×1×1×1×1×0.5＝1.5

合計1.5点となります。

例3　商品の品質と販売ページはとてもよいが、スタッフの対応が悪いケース

(1) 商品の品質、価格・・・・・・・・4点
(2) 販売ページ・・・・・・・・・・・2点
(3) スタッフの応対品質・・・・・・・0点
(4) マーケティングや広告宣伝の量・・1点
(5) 注文までのスムーズさ・・・・・・1点
(6) 決済手段の多さ・・・・・・・・・1点
(7) 配送スピード・・・・・・・・・・1点
(8) アフターフォロー・・・・・・・・1点

これらすべてを掛け算すると、4×2×0×1×1×1×1×1＝0

合計0点となります。

オーバーな話だと思われるかもしれません。しかし、前述したレストランのケースのように、料理や値段といった他のオペレーションがいくらよくても、接客の悪い店員のせいですべてが帳消しとなり、お客さまはお店に行かなくなってしまうのです。

つまり、トータル0点ということです。店舗、会社はトータルオペレーションが大事ということがおわかりいただけると思います。

また、大手企業の場合などでは、「1、商品の品質、価格」はたいしたことがないのに、それ以外の「2」から「8」、特に「4、マーケティングや広告宣伝の量」が圧倒的に強いため、優位になることがあります。

とはいえ、まずは

トータルオペレーションの各ポイントで、お客さまが不満に感じる1点未満の部分を見つけ出し、改善していってトータルの点数を上げる努力が重要です。

8 通販ならではの心遣い

言うまでもないことですが、

通販は対面販売をしていませんから、「心遣い」というキーワードからアプローチすると、以下の三点は最低必要なものとなります。

① 商品ページでの情報の質と量……お客さまが知りたい情報は、すべて商品ページにいけば取得できることがベスト

② 電話対応

③ メール対応

①については、対面販売なら接客担当者がさまざまな質問に対して的確に答えればよいのですが、通販では商品ページに載せる情報によってお客さまは購入するかどうかの判断をされます。

この判断傾向は、インターネットのツールを使えばある程度把握できます。例えば、そのページをお客さまが見ていた時間や、購入ボタンを押さずにページを離脱した割合などがわかります。

そこで、**お客さまが必要とする情報を商品ページにどれだけ掲載できるかが、気遣いになるでしょう。**

なぜなら、その商品が気になっているから商品ページを見てくれているわけで、確認したい情報が記載されていればそこで完結して購入まで進みますが、他の競合会社の類似した商品ページにその情報があれば、そちらに流れてしまうからです。

運がよければ電話なりメールでわが社に問い合わせをいただけるでしょうが、それはお客さまにとっては手間がかかることですし、そもそも商品ページに情報があればそのような煩わしさをなくすことができるのです。

②の電話対応は、唯一お客さまとわが社とで声のトーンという感情を交えたコミュニケーションが取れるルートとなります。

読者の皆さまも、何かのサービスで「カスタマーセンター」とコミュニケーションを取られたことがあると思いますが、ここの担当者の対応ひとつで頭にくることもあれば、課題が解決されて気分がすっきりしたという経験をされたことがあるでしょう。

電話に出て対応するスタッフの態度や姿勢は「心遣い」という点でも、会社の評価という点からもとても重要です。

③のメール対応は、感情が入りにくく、ともすれば機械的なやり取りになってしまうルートです。ただ、そこは文章を故意に感情的にするといったことよりも、内容のポイントを押さえたメール対応が気遣いにつながると考

えています。

メールのポイントは、お客さまが知りたい、必要な情報を的確に適宜発信できるかどうかにかかっています。

例えば、今でこそ少なくなりましたが、以前は「受注しても受注情報のメールを発信しない」「発送をしても発送方法や配送会社の伝票番号などの情報を発信しない」といった通販店舗が多かったのです。

お客さまにとっては、「自分が注文した商品がきちんと受注されたか」「発送がいつで、到着予定はいつ頃なのか」は、必要な情報です。

これらの情報発信をメールを使って的確に行うことが、通販ならではの最低限の気遣いになると思います。

9 これから有望な商材は？

今後、インターネット通販で有望なのは、やはりニッチな商材を専門に販売することだと思います。その商材に関しては非常に造詣が深く、情報量が多く、あらゆる質問に答えてくれそうな販売店は、存続しやすいだろうし、売上高も伸ばしやすいのではないでしょうか。

わが社のようにテレビ金具に特化しているなど、例を挙げればきりがないくらい伸びそうな商材はいくらでもあると思います。
ただ、そのような商材でも、売れるかどうかは、前にお話ししたようにトータルオペレーションも必要ですし、いくらニッチな商材でも、ほんとうに需要が少なければ販売量の増加は見込めないわけです。

ですから、これだと決める前に重要なことは、まずテストマーケティングをすることとです。テストマーケティングで試行して「行ける!」と思ったら、それなりの資本を投下していく、という姿勢が肝要だと思います。

池本克之さんのように類まれなる敏腕経営の才を持った方であれば、化粧品というランチェスターの法則でいうところの「強者が存在するマーケット」に風穴を開けることもできるでしょう。

また、多額の資本を持っているか、またはバックボーンを持っているのであれば、大きなマーケットに参入して成長していくこともできるかもしれません。

ただし、本書は私のように凡人でも何かできるんじゃないかと思う方向けに書いておりますので、ニッチな商材と専門性に有望さを感じていることをお伝えしたいと思っています。

10
一〇年後のネットビジネス

現在、本書を書いているのが二〇一八年初頭ですが、

ここから一〇年後を見据えたとき、ネットビジネスとりわけ通販のキーワードは、なにをさておきＩｏＴ（Internet of Things：モノのインターネット）だと思います。

今でこそ、インターネット通販で買い物をするときのインターフェース（媒体）はスマートフォン、ｉＰａｄ、パソコンに限られていますが、ＩｏＴ時代になると、これらのインターフェースが格段に広がります。

わかりやすいのは、例えば冷蔵庫の前面扉にタッチパネルがあるというものです。料理をされる主婦の方などが、冷蔵庫を開けて卵や牛乳がなかったら、タッチパネルで「卵何パック」「牛乳何本」などと入力するか、音声で伝えれば、それらの商品がすぐ家庭に届くというものです。

二〇一六年（平成二八年）に、アクア株式会社より「ＡＱＵＡ ＤＩＧＩ」という研究開発品が発表されています。このようにインターネット通販の購入インターフェースはとても広がっていき、あえてスマートフォンやパソコンを使わなくても、直感的に買い物ができてしまう時代がすぐ近くまできています。

とりわけアマゾンなどは、これらのインターフェースの浸透と普及に力を尽くしているようで、アマゾンがあれば小売店が不要になるくらいの気配を感じます。

とはいえ、ほんとうにアマゾンを含め大手の通販インフラ会社によって小売店が不要になるとも思えませんが、シェアなどを考えると、私たちのような一般消費財をネット販売する小売店舗にとっては死活問題になりうる将来展望です。

そのような、ＩｏＴ時代将来を見据えたときのサバイバルの一手段としても、「ニッチ」「専門性」「ユニークさ」がキーワードになると思います。

11

慢心と凋落《ちょうらく》

ここ最近は、おかげさまで売り上げや会社規模も緩やかではありますが右肩上がりの業績となっていて、お客さま、取引会社さま、そして従業員の皆さんに感謝することばかりです。

ただ、自戒の念を含めて現状分析をすると、

「あっ、こういうところで、慢心して凋落していくのだ」

と感じることがあります。

例えば、当面の売り上げ目標の何億円かを達成したとして、会社も順調に回っている。従業員の離職率も低くなり、順風である。するとその状態にどっぷり漬かって甘んじてしまうのです。

すると、さらなる成長を目指すのがおっくうになり、会社の未来事業にチャレンジし

なくなってしまいます。そして現状維持状態が続き、やがては下降路線をたどっていくというものです。

これこそが「慢心と凋落」です。

この状態に陥るきっかけは、人それぞれ、千差万別です。個人事業で、一家を養うのに困らないレベルであればいいと満足する場合から、数億規模の売上げで満足する場合、いやいや何が何でも一〇〇億円を突破し上場するまで満足しない、というようにほんとうにさまざまです。

私も少なからずこの傾向があります。業績も問題ないしうまくいっているけれども、自分個人としては悶々とした日々を過ごしているような状態です。

起業間もない頃のような、トキメキやワクワクするような心の躍動感が薄れていると感じます。この状態が長く続くのはいけないと思っています。

人間ですから、常に躍動感を持って生きていけるわけではありません。逆に、私はこのようなやる気の浮き沈みがあってあたりまえ、と肯定的にとらえるようにしています。

ただ、あまり長期間このような状態では自分にとっても会社にとってもよくありませ

んから、

こんな時には、「カラ元気」ならぬ「カラ課題」を自分に課します。ほんとうは元気ではないけれど、元気に見せる「カラ元気」のように、実現できなくてもよいので、自分に課題を与え、それに向かって実行していくのです。すると、最初は「カラ課題」で動いていたものが、外側から雰囲気がつくられていき、やがてやる気が湧いてきて、自分の内面も「カラ」から「真（本気）」に変わっていったりするのです。

もちろん、「カラ課題」のままで終わってしまったものもたくさんあります。「そんなことじゃダメだろう」と叱られるかもしれませんが、これは心の浮き沈みを克服するための自分なりの工夫なのです。

皆さんにもこのようなことが起こった時には、自分と正直に向き合って、自分なりの克服法を見つけられるといいと思います。

12 今の年収になって思うこと

今の年収になってまず思うことは、
「別にこの事が偉いわけでもないし、自分より上の方はいくらでもいる」
ということです。

この本を執筆するにあたり謙遜して言っているのではなく、ほんとうに心の底からそう思うのです。年収が一億円以上の人もゴマンといると思えば、自分などたいしたことはないし、たびたびお伝えしているように私は凡人中の凡人と自覚しています。

実際にはお金に困ることもなくなりましたし、比較的裕福な部類になってきたともいえることから、経済的には成功しているのかもしれません。

ただし、先に述べたように、現状に満足した時点で成長が止まりますし、そうすると折れ線グラフのようにあとは下降カーブがどれだけ緩くなるか、ということになってしまいます。

経済的に楽になったからと言って、過去の自分と同様に、「人生、生きている限り問題の連続」です。経済的なものと人生における問題はまったく別物だとも思えてきます。

しばしば起業を考えている方と話していると、「勘違いしているな」と感じることがあります。ある程度の年収になれば、今抱えている自分の課題があたかもすべてクリアになるように思われているのです。そんなことは、経済的なごくごく小さい一部分だけだったりするのに、です。

これも逆説的ではありますが、その経済的な問題がその人の抱えている問題のうちの大部分を占めているなら、課題は大きくクリアされることでしょう。

ただ、人間は欲張りな生き物で、少し前までは銅すら手に入らなかったものが、銅が手に入るようになると、やがて銀が欲しくなり、銀が手に入ると次には金が欲しくなるので、欲だけに着目するとキリがありません。

私は起業してから、

「この世に生まれてきたからには、人間的にも会社も成長させ続けたい」という信念を持っています。

今くらいの年収になって思うことは、「確かに経済的な裕福さは感じているけれども、それでほんとうに幸福かどうかというと、どうもそこまでではないらしい」ということです。

「じゃ、何が幸福なのだ」と聞かれたら、先ほども少し触れましたが、「心のワクワク感やトキメキを持って、日常をすごせるかどうか」だと思います。この感情を持ち続けるには、やはり年収などより、自分なりの目標や課題を持って、それらにチャレンジしていく過程や、目標を達成することで得られるものだと思っています。

PART3 まとめ

将来に向けたネット事業の秘訣

1 企業の存在価値は「お客さまに喜んでいただいた質と量」で決まる！

2 「よい品物」だけでは売れない。トータルオペレーションに気を配る！

3 今後のネット通販は「ニッチ」「専門性」「ユニークさ」がキーワード！

会社経営を順調にさせるコツ

1 「してもいい失敗」「してはならない失敗」を見極める

2 売上が安定したときの「慢心と凋落」に要注意

3 ワクワク感やトキメキを持って働くことが大事

第四章

PART 4

コミュニケーション力がなくても仕事はできる

1 ロベタでも成功する仕事の選び方

私はどちらかというととても貧乏な家庭で育ちました。そんな家庭環境もあってか、とても内向的な子どもでした。

放課後、公園で近所の子どもたちが数人、楽しそうに遊んでいます。その中に自分も入って一緒に遊びたいけれど、

「一緒に遊ぼう！」

というたった一言が言えないのです。その子どもたちを目の前にしてただ眺めているだけでした。黙って長い間見つめながら、

「一緒に遊ぶかい？」

と、誰かが声をかけてくれるまでひたすら待つ……そんな引っ込み思案な性格でした。

中学で野球部、高校でハンドボール部に入ってからは、次第に活発に行動するようになりましたが、引っ込み思案の性格はそのままで、やがて社会人になりました。

自分の性格は幼少期から自覚していて、「もっと外交的になりたいなぁ」と思っていましたが、根本的な性格はやはり変わりませんでした。その自覚は、職業を選ぶ際にも影響していたようです。

営業職で高給をうたっている広告などを見ると憧れましたが、とてもじゃありませんが自分や商品を売り込むなんて、私の性にはあいません。そんなことから、社会人になるとき選んだ職業は、プログラマーやシステムエンジニアといった技術系の職種でした。

これは起業時における、私のビジネスモデルの選択にも影響しています。起業したころはシステムエンジニアと通販の二本立てでスタートしましたが、インターネット通販の場合は営業もほとんど必要なかったために、現在でも続けていられたのではないでしょうか。

もし社長自らが率先して営業活動を行わなければならないようなビジネスモデルだったとしたら、続けていられなかったでしょう。

仮に続けられたとしても、どこかのタイミングできっと病気になっているんじゃないかと思います。

内向的な人が仕事を選ぶ際には、「技術系」という言葉が一つのキーワードになるでしょう。

とりわけ現在はインターネット全盛時代ですから、これからはインターネットを基軸としてさまざまな技術系の職種が栄えていくと思います。

この中からだけでもいろいろな職種がありますので、ひとつのアプローチとして考えてよいかと思います。

2 時代はシステムエンジニアを求めていた

一九八七年（昭和六二年）に高校を卒業して、私立大学をいくつか受験しましたが、ほとんど受験勉強というものをしていなかったためすべて落ちました。一浪し、高校から推薦をもらって推薦入試を受けてみましたが、やはり合格はできず、大学は諦めました。このときから、学歴に対するコンプレックスを感じるようになったのです。

そこで就職して落ち着くわけでもなく、アルバイトをしたりして二～三年過ごしました。

時代は一九八五年（昭和六〇年）に日本電信電話公社が民営化してＮＴＴとなり、通信の自由化が始まったころでした。

当時、リクルートがＮＴＴの専用回線の再販事業（企業内ネットワーク）を行っていて、私はリクルートの下請け会社の契約社員として通信ネットワークの保守業務に従事していました。リクルートに行って、企業内ネットワークの保守などをしていたのです。

リクルートのオフィスに行くと、社員はみな一流大学卒でバリバリ働いているエリートばかり。ディスコが流行していたころで、社員たちはコムサ・デ・モードのスーツで身を包み、仕事が終われば夜の六本木や銀座に賑やかに繰り出していきます。

そんなバブル時代の華やかな雰囲気のなかで、下請けの会社に契約で入っている高卒の私が電話の修理をしている……。きっと彼らの将来の出世街道も自分とは違うんだろうな……。

仕事をしながら、学歴に対するコンプレックスを激しく感じました。そして、

「ここではなく、ちゃんとした仕事に就こう」

と考えるようになりました。

ただ、仕事を通じて私は通信やネットワークというものに興味を持ち始めてもいました。そして、単純に「給料がよいから」という理由で、ある中規模のソフトウェア開発会社に就職したのです。一九八八年（昭和六三年）当時で月給二五万円。ボーナスこそ

ありませんでしたが、なかなか良い条件でした。

私はソフトウェアの開発の経験などまったくありませんでした。「高い給与がもらえて、ソフトも覚えられるなら一石二鳥」という程度の気持ちで就職したのです。世間ではノート型のワープロが流行っていて、初期のパソコンこそあれ、まだノートパソコンは出回ってはいませんでした。

当時は通信やネットワークが爆発的に広まりつつあり、それにプログラムを組むプログラマーが追いつかず、まだ圧倒的に少なかったために、初心者でも高給を出す会社が多かったのです。

3

一ヵ月の無断欠勤を許してくれた上司

就職したソフトウェア開発会社では、まず始めに通信システムの運用・保守の業務に携わりました。

そこで、とても尊敬できる上司Aさんにめぐりあったのです。取締役兼部長を務めている方でしたが、その方も高卒のたたき上げでした。昭和の猛烈社員を絵に描いたような人で、仕事のためには家庭もかえりみず、早朝から夜遅くまで働き、泊まり込みもしばしばでした。

あるとき、のちに私の転機となる出来事がありました。

入社して一年目を過ぎたころだったでしょうか。私は会社に連絡せず一ヵ月の無断欠勤をしたのです。

保守の仕事は簡単なものでしたが、私はその仕事に飽きてしまい、なかばうつのような症状になっていたのかもしれません。本当に何の連絡もせずに、ほぼ一ヵ月間会社に行かなかったのです。

そして、一ヵ月が経とうとした平日の夕方、私は意を決してAさんに電話しました。

「私は、まだ（会社に）行ってもいいでしょうか……」

まあ、何ともあきれ返る行動と電話でしたが、Aさんは何も言わず、

「明日、来なさい」

という一言だけで電話を終えました。

翌日、私は出社してAさんとミーティングをしました。そのあとでAさんから、

「なぜ、一ヵ月も出社しなかったのか」

という、至極もっともな質問をされました。その質問に、私はこう答えました。

「業務が単純で、やる気になれませんでした……」

何て生意気なことを言ったのでしょうか。本来なら、ミーティングをする前にとっくのとうにクビになっていてもおかしくはないのに。そのうえ、一ヵ月の無断欠勤を業務の質のせいにして返答したのです。今から思うと、何とも愚かな若者だったとつくづく

思います。

しかし、Aさんは怒ったり感情的になったりはしませんでした。ただ、「その気持ちは分かったが、一ヵ月も無断欠勤するとは、親の顔が見たい。でも、やる気があるのだったら、また頑張りなさい」

と言ってくれました。「親の顔が見たい」という一言は、さすがに私の胸に刺さりました。私はその場で、

「ソフトウェアの開発の部署に回してください」

と懇願したのです。以前の単調な仕事は、もう続けられないという思いがありました。すると、無断欠勤する前の勤務態度はよかったこともあり、Aさんは私の願いを聞き入れてくれたのです。

一～二ヵ月の本社での研修を経て、私はソフトウェア開発のプロジェクトチームに配

属されました。

この待遇を受けて、私はとてもやる気になり、以後、業務に励むようになりました。今の時代には考えられないような出来事ですが、それ以降、私はAさんに喜んでもらおうと一生懸命頑張ったものでした。

4

「こうしたい」という向上心を周りに伝える

なぜ当時、上司はこのような対応をしてくれたのでしょうか。

今になって、時々そう考えることがあります。思い当たるのは、私は無断欠勤する以前に、

「僕はもっとこうしたい」と、向上心のある内容をしばしば伝えていたのでした。Aさんはその向上心をくみ取り、長期無断欠勤を反故にしてでも、私の向上心を受け入れた方が会社にとって将来的に有益になるだろうと判断してくれたのかもしれません。

それからの十数年、私はＮＴＴドコモなど大手通信会社の通信ソフトウェアの開発に携わりました。ポケベルのシステム開発や、ドコモの初期の携帯『ｍｏｖａ（ムーバ）』などのシステム開発です。

しかしながら、そこまで希望して移った部署でしたが、ソフトウェアの開発は細かいことが多く、全体的に私の性には合わない仕事だったのです。結局私はあまりプログラム開発は得意にはなれず、どちらかというとシステムの設計や現場管理の仕事の方が向いているように思われました。

5 サラリーマンは上司を選べない

そんな生意気な若かりし頃の私でしたが、別のプロジェクトへ配属されてからは、ものすごい量の仕事をしました。

多いときで、月に三三三時間働いたこともあったほどです。一ヵ月三〇日、休みなく毎日一一時間。朝九時に出社して、昼食を一時間として夜の九時まで働く計算です。世の中に爆発的にパソコンが普及し始め、それほどソフトウェア開発の仕事が急務とされていた時代でした。

人間関係も大変でした。異動してしばらくすると、馬の合わない上司Sさんの元で業務を行わなければならなくなったのです。

私は自分の裁量でのびのびと自由に仕事をしたいタイプなのですが、Sさんはそれを許しません。それこそ重箱の隅をつつくような細かいことにチェックを入れてくるのです。言われてみれば確かに私が悪いのですが、他の人なら見過ごすような些細なところでもチェックをしてダメ出ししてきます。

例を挙げましょう。提出文書を作成すると、文書を発表する前に四~五人で確認することになっています。するとSさんは、

「タイトルと文章中の文字フォントが違う」

と指摘してきたりするのです。よく見れば、タイトル文字は明朝体で、本文はゴシック体になっています。

Sさんに言われて初めて皆が気付き「あっ、そうか」となるのですが、本来伝えたい内容や文章の構成についての指摘ではなく、フォントという内容とは違う体裁がやり玉に挙げられて責められ修正させられるわけです。ほかの人なら、「内容がよければいいよ」となるところです。

そんな細かいチェックを受けるわけですから、他の凡ミスなどは言わずもがなです。

このSさんとの人間関係のストレスから、私は人生初の十二指腸潰瘍になってしまい

ました。

十二指腸潰瘍も時間の経過とともに治りましたが、数年後、違うプロジェクトに異動になった際にも同じような上司にあたってしまい、また同じように憂鬱な気分で仕事をするようになりました。

このときにはつくづく、

「サラリーマンは上司を選べないんだな……」

と思ったものでした。

6

社内の人間関係のさばき方

　このように、もしどうしてもそりの合わない上司にあたってしまったとき、病気にならずにうまくやっていくには自分の性格を変えたりして、イヤな上司に合わせる適応力を身につけなければならない、と自覚しました。

　ただ、もうすでに三〇年近く生きてきて、自分の性格はほぼ固まっているわけですから、そんな適応力が身につけられるのか……？

　大袈裟ですが、そういった処世術のために自分を売らなければならないような気がして、心が重くなったものでした。

イヤな上司にあたった場合には、対応は三つしかありません。

一つ目は、自分が変わること。

自分の適応力を上げて、本来なら自分がイヤだと感じる人でもうまくやれるように自分の方を相手に合わせて変えるのです。

二つ目は、会社を辞めることです。

ただし、これは次の新しい職場でも同じような経験をする可能性があるわけで、同じことの繰り返しをしてしまう危険性があります。あるいは、会社を辞めて起業するなどして自営業になれば、原則的に一緒に働く人は自分が選ぶことになりますから、このような危険性は低くなります。

三つ目は、奥の手です。イヤな上司のさらに上の上司に正直に自分の環境を相談し、配置換えをしてもらうのです。

ただし、この場合は職場にそのようなことができる文化や環境があるかどうかにかかっています。相談したために、自分の評価が悪くなったり、もっと悪い状況になることもあり得ます。

会社勤めの場合は、自分で上司を選ぶことはほとんどできませんから、合わない上司にあたった場合の対応の選択肢はどうしても少なくなってしまいます。

7

居心地のいい飲み会は危険

私がサラリーマン時代、退社後に上司や同僚などと飲みに行く機会がたくさんありました。行き先の多くは居酒屋でしたが、面白い経験をしたので紹介させていただきます。

前述したとおり、私はソフトウェア会社でサラリーマンとして働いていましたが、途中で転職をしています。最初に勤めた会社は、今では一部上場しているソフトウェア会社でした。のちに中堅の通信建設業の会社に転職しました。

転職した会社は通信機器の工事などを主に行っていたのですが、その中に情報処理ソフトウェアのシステム開発の部署があり、そこに配属されました。

仮にはじめに勤めた会社をA社、転職した先の会社をB社としましょう。

A社では、残業で遅くなったときや、数名が集まったときに上司に近所の居酒屋や寿司屋に連れて行ってもらいました。取締役を筆頭に課長たちが同席されて、私が一番下です。飲みながら話す内容は、プライベートな話はほんの少しで、ほとんどは現状のプロジェクトの業績、仕事の考え方、会社の方向性といった仕事にからんだ話ばかり。当時は私が一番目下でしたから、とても窮屈な思いをしたのを覚えています。

しかし、誘ってもらったときには、

「誘ってもらえるだけありがたい。僕にとっても必要な話だろうから」

と自分に言い聞かせてついていきました。繰り返しますが、その席はあまり心地よいものではなく、どちらかというと窮屈でした。

もう一方のB社のほうでも、たびたび飲み会に行きました。プロジェクトの慰労会などで、部長を筆頭に課長や同僚といったメンバーです。

こちらも仕事の話が多いのですが、話題の内容がA社とまったく違うのです。主な話題はほかのプロジェクトの噂話や会社への不満、上司の愚痴といったものでした。

ただ、居心地がいいのは、圧倒的にB社の飲み会でした。私もその場の雰囲気に合わせて、

「あの上司は困るよ。会社のここが不満だよね」

などと言いながら、いわばゴシップの会話の中に入って気持ちよかったのです。

この対照的な二つの場に居合わせ、かつそれを比較すると、ためになったのはA社の方でした。B社の方は居心地は良かったけれど、ただ時間を過ごしただけであって、自分のためになったとは思いません。

これはかなり危険だと思います。たしかに同僚同士で愚痴や不満を言っていると心地いいのですが、ともすると傷の舐め合いになってしまい、何ひとつ向上するものがありません。時間とお金を費やすばかりで、いいことはないのです。

その差は、その後はっきりと表れました。

A社は一部上場を果たし、B社は吸収合併されて、今ではソフトウェア部門はなくなってしまいました。

これは決して飲み会一つを取ってその会社の将来を占うものではないと思いますが、とてもよい経験だったために紹介させてもらいました。

8

原価計算から自営業のノウハウを学ぶ

初めに勤めたソフトウェア会社の取締役兼部長は、私に気づきを与えてくれた人でした。この方は文字通りの叩き上げで、本当に昼夜を問わず仕事に打ち込んでいました。昭和のモーレツ社員という言葉が、そのまま当てはまるような方です。まだ仕事のいろはもわからない私をかわいがってくれて、よく我慢して育ててくれたものだと本当に感謝しています。

この上司に最初に教わったのが、原価管理でした。自分の所属するプロジェクトの原価管理と損益計算を教えてもらい、まず私がいかに営業利益に関わっていないか、すなわち赤字を出しているか、ということを遠回りに気づかせてくださいました。

ソフトウェアには、大きく分けて二つの受注方法があります。

一つは、あるプロジェクト全体を請け負い、そのプロジェクトを数名から数十名、あるいは百名以上という人数で開発して納品するもの。

二つ目は、その会社のスタッフを要員として、あるプロジェクトに参加させ、一名いくらで受注するものです。

私の場合は後者でしたから、自分がソフトウェアの要因としてもらう毎月の受注額は決まっています。その中から、自分の給料、経費、間接費を計上するとまったくの赤字だったのです。

この原価計算を通して、商売の基礎を教えていただいたと思っています。環境や会社という組織を含め、その上司に学んだ内容は、自営業や小売業の損益計算そのものだったからです。

9 自分の弱点がわかるからこそ、やれることがある

本書の題名にもなっていますが、私は口ベタですし、人見知りなところがあります。ただ、そこが弱点だと自覚していますので、浅いお付き合いの場合はなるべく相手に悟られないように調子を合わせたりしていますから、周りからはあまりそのようにみられないかもしれません。

そんな背景からか、例えば取引先さまと商談などのいわゆる営業をすると、とてもしんどく感じて疲れます。

そのため、自分が先頭になって対面などの営業をぐいぐいやって会社を引っ張っていくようなスタイルは、とてもではないですが、私には向いていません。それを続けていたら、根本的に苦手なことなので、どこかで疲弊して壊れてしまうからです。

その点で行くと、インターネット通販の事業は比較的向いている仕事だともいえます。

プッシュ型の営業ではなく、あくまでインターネットを見てくださったお客さまがその場で購入してくださるか、または問い合わせを経て購入してくださるプル型の営業スタイルだからです。

例えば、トークが得意で営業が好きな方なら、やはりそのようなプッシュ型の営業スタイルの会社を作られるかもしれませんし、得意なことなのでその面を伸ばしていけばあまり苦もなく展開できるのではないでしょうか。


私の場合は、そのような方面は苦手とはっきり自覚していますので、どちらかと言えば裏方的な分野に力を入れています。

例えば、通販の商品ページの見やすさや注文からお届けまでのオペレーションのスムーズさなどに目を光らせ、ブラッシュアップしていくことの方が好きですし、向いています。

会社のためと思って、苦手なことをされる経営者の方もいらっしゃると思いますが、それを続けるとやはり心労となって自分に跳ね返ります。ストレスで健康を害したりしては、せっかく起業したのに本末転倒です。

自分の長所と短所を見極めて、苦手な分野は必要最低限に行うことにするといいでしょう。そして、どうしても苦手な分野の業務が必要な場合は、右腕になる方でもいいですし、自分以外の人材に委ねたほうが、自分のためにも、ひいては会社のためにもなると思います。

PART4 まとめ

口ベタでも成功する仕事選びの秘訣

1 技術系やインターネット事業など、営業の必要がない職種を選ぶ！

2 「こうしたい」という向上心を持つようにする！

3 自分の弱点を自覚して、苦手なことはしない！

自分の弱点をプラスに変えるポイント

1 口ベタで人見知りだからこそ裏方的な分野に力を入れる

2 学歴がないからこそ、アルバイトよりちゃんとした仕事に就く

3 苦手な対人業務は、自分以外の人に頼んでいい

第五章
PART 5
コンプレックスこそ原動力

1

おかずは鰹節にしょうゆをかけた「猫まんま」

誰でも目標を定めて邁進していくとき、必ずモチベーションを保つための何かがあると思います。私の場合は、幼少期からのコンプレックスがモチベーションを保つ原動力になりました。そのコンプレックスとは、「貧乏」「学歴」「内向的な性格」でした。

昭和四四年（一九六九年）、私は左官業を営む父と専業主婦の母のもとで、四人きょうだいの末っ子として育ちました。長女、長男、次女、次男の私です。長姉とは一五歳も離れていて、ちょうどサザエさんとカツオのような年の差でした。

もともとは地主の家系であり、私で一六代目なのですが、祖父の代にギャンブルが原因でほとんどの土地を手放したと聞いています。

その血が父に受け継がれてしまったのでしょうか。職人気質の父は、仕事をするときとしないときのムラが激しい人でした。二～三ヵ月間、根を詰めて仕事をしていたかと思うと、その後の一ヵ月は好きな競艇をして稼いだお金を使い果たしてしまうのです。

大酒飲みで、外で飲んだくれて大声を上げて喚き散らしたりします。よく母と一緒に、居酒屋に飲みつぶれている父を迎えに行ったものでした。小学生でしたから、子ども心にもとても恥ずかしかったのを覚えています。仕事をしないとまったくお金が入ってこないため、借金の取り立ては来る、生活はできないしで、いつもとても貧しい家庭でした。

そんな父のために母は病弱で、少し健康を取り戻すと生活費の足しにとパートの仕事をして家計を支えていました。姉たちがアルバイトしたお金を家に入れるのを見るのもつらいものでした。

さすがに雑草を食べて生きしのぐといったことはありませんでしたが、白いご飯は食べられても、おかずがないことがよくありました。おかずの代わりにご飯に醤油をかけて食べたり、パックの鰹節に醤油をかけた、いわゆる「猫まんま」がおかずということもありました。

小学一年のころからは、ご飯をつくったり洗濯をして、母を助けていました。家事はやらざるを得ないものでした。子どもたちが働かないと、暮らしてゆけないのです。

給食費が払えず、担任の先生から「新井くんは、何で給食費を払わないの？」と聞かれ、「お金がないからです」と答えたこともありました。中学生のころには、自分でお弁当をつくって学校に行くのですが、おかずも少なく、まわりの子たちが持ってくるきれいなお弁当を見るのもつらいものでした。

小学生のころの私は体も小さく、服装も小汚かったので、よく子どもたちに悪口を言われたり、帰りがけに校庭で待ち伏せされ、意味のない喧嘩を仕掛けられてボコボコに殴られていじめられたりもしました。

小学生は自宅で誕生パーティーを開くことがあり、招かれて遊びに行くこともありました。けれども、我が家はとてもじゃありませんがそんな誕生パーティーなどはできません。そのころのせつない思い出があるため、いい年になった今でも誕生日は好きではなく、自分の誕生パーティーなどというものも絶対にやりません。

こういった生活から、次第に私は内向的な性格になっていきました。

2

お金がなければ、ヤンキーにもなれない

貧乏生活は、小学生から高校卒業まで続きました。私が中学生のころは、ちょうど一九八〇年代の半ばごろで、不良全般を指すヤンキーも流行していました。周りにも結構そういった人たちもいましたが、そんな同学年を冷静に見る自分もいたのです。

見ていると、ヤンキーになるときにはだいたい同じような流れがあるようでした。普通の中学生だった友だちが、まずヤンキーと言われる連中と友だちになり、次第にグループに参加するようになって仲間入りします。すると、だんだん服装や髪型が変わっていきます。素行不良が目立つようになり、周りからヤンキーのレッテルを貼られるようになります。やがて、自分でもそれを認めるようになるのです。

当時のヤンキーの服装は、学生服の上着が長い「長ラン」に学生服のズボンが横にだぼだぼと広い「ボンタン」を履いていて、外見で明らかに普通の人と違うと分かります。

この学生服は、ヤンキー専用の学生服を売っている販売店に行って買うのです。この特別な学生服は、中学生が買うにはとんでもなく高価なもの。では、そのお金はどこから来るのか。ほぼ親からお小遣いとしてもらって買いに行くのです。

中学生の私は、必死に新聞配達などをして、毎月二〜三万円を稼いで自分のお小遣いとしていました。長ランやボンタンというヤンキー用の学生服を買うのは、毎朝四時起きして一生懸命稼いだお金が一瞬にして吹っ飛んでしまうことを意味します。

お金がないとグレることもできない……。彼らを冷静に見ていて、

「お金がある家庭でいいなぁ。僕はヤンキーもできないな」

と感じたのが、正直なところでした。

高校生になると土日はコンビニや引っ越しのアルバイトをして稼ぎ、高校三年のころには授業料も自分で払っていました。

大学に行きたいと思いましたが、大学の受験料もアルバイトで稼いだお金で払うし、むろん塾に行くお金もなく勉強もしなかったので合格することはできませんでした。

3 「絶対に貧乏はイヤだ」が仕事への原動力

そんな子ども時代を送ったため、社会人になってからは「絶対に貧乏はイヤだ」ということを何よりも一番の原動力として仕事をしてきました。同時に、絶対に職人にはならないし、大酒飲みにはならない、と心に誓いました。

では他者よりも抜きん出て頑張ったか、というと、それが凡人の悲しさで、中くらいの頑張りのところでやっていたような気がします。

起業してから軌道に乗るまで二年から三年くらいかかりましたが、その間はそれこそ休日や深夜も仕事をやり、それもあまり苦になりませんでした。

そのころの精神構造は、このようなものでした。

1　絶対に貧乏はイヤだ
　　　　　　↓
2　社長だから、時間を犠牲にしても業績を安定させよう
　　　　　　↓
3　将来、業績が上がって安定すれば、時間も金も余裕ができるだろう

自分で決めて行動すると、あまり苦にならなかったことを覚えています。

4 アルバイトはよくも悪くも時給だけ

中学生の新聞配達から始まり、高校以降ではスーパーの棚陳列、引っ越し助手、コンビニの店員、ガス配管、ウェイターなど、さまざまなアルバイトをしてきました。中学生の新聞配達で初めてアルバイト料をもらったときの感動は、今でもはっきり覚えています。

その後のアルバイトも、よくも悪くもやった分だけきちんと給料をもらえるものでした。例えば、時給一〇〇〇円で八時間働けば、仕事の良し悪しに関わらず、それ以上でもそれ以下でもない八〇〇〇円をキチンともらえるということです。

良い仕事を熱心にしたから九〇〇〇円で、仕事の出来が悪いから六〇〇〇円、ということはありません。時給一〇〇〇円が、長期間続けていれば一一〇〇円や一二〇〇円にアップされることはあるかもしれませんが、二〇〇〇円や三〇〇〇円になることはあり得ません。

いくら能力が高くてやる気があっても、支給する会社側のアルバイトの予算は決まっているので、飛躍的な収入のアップはない世界です。

5 知識ゼロでシステムエンジニアになる

そんなアルバイト経験を経て、大学受験に失敗した私は、前述したように、コンピュータソフトの開発会社に就職しました。

ソフトウェアの開発会社に勤めたのは、当時はプログラマーが流行りの職業だったことと、何よりも未経験でも比較的高給を出す職種だったからです。月給は二五万円。ソフト開発会社は高卒でこのような待遇の職に就ける数少ない職種だったのです。とにかく「給料の多い会社」であり、「将来的に困らなそうである」という単純で安易な動機でした。

ただし、プログラムのプの字も知らない素人でしたから、さすがに入社してからは大変でした。まずはキーボードに慣れるところから……と、今思い返すと滑稽というか、単純無垢な若者でした。

その会社は、まだ社員が一〇〇名足らずの中小企業でしたが、当時から社長以下、取締役をはじめ社員全員が一部上場を目指していて、活気にあふれていました。ここではプログラムの知識のほか、原価計算、損益管理など、今となってはとても大事な経営の基礎を身につけさせてもらい、とても感謝しています。

二〇〇二年（平成一四年）にはジャスダックに、現在では東証一部に上場して立派な企業となっています。

6 自分からする仕事は苦にならない

ソフトの開発会社に入社して数年がたったころ、業務量の多いプロジェクトに配属されました。まったく知らないプログラム言語を操る専門的な開発業務で、当時流行していたポケットベルの通信システムに関わる開発事業でした。

NECなどの大手メーカーを含む数社が共同開発体制を取り、総勢一〇〇名以上の大型プロジェクトでした。

ポケットベルという通信インフラに関わる公共性が高い開発業務でしたから、自分が未熟ということもありましたが、作成したプログラムの試験（テスト）行程に手間取り、月に三三三時間勤務することもありました。残業も入れての月三三三時間ですが、一ヵ月が三〇日あるとして、休みなく毎日一一時間勤務して三三〇時間です。

こうなると、もう仕事以外の思考能力はほとんどありません。睡眠や食事といった生活のための最低限の行動をするだけで、とにかく残りは全部仕事です。

ただ、これは誰かに指示されてやったのではなく、本当に自分の未熟さから仕方なしに行った仕事量であり、自分から進んで取り組んだことなので、思いのほかストレスは感じずにこなしました。

後にどんな大変な業務にぶつかっても「この大変さにはかなわない」と思える、自信につながる貴重な経験となりました。

7 学歴コンプレックスをバネにする

起業する三〇代半ばくらいまで、私の学歴に対するコンプレックスはかなり激しいものでした。

「〇〇大学出身の△△さんが……」

という話題になると、過剰に劣等感を持ったものでした。当時の私は、昔からの慣習に縛られていたのか、

「サラリーマンという職に就くからには、学歴があることはメリットであって、デメリットはあまりない」

と考えていました。そして、逆に学歴がないことによるメリットは感じられませんでした。

極めつけだったのが、三〇歳を過ぎたあたりのできごとでした。

外資系保険会社の保険商品を購入することになり、その保険会社の営業の方と何度か話す機会がありました。そこで、気になっていた営業の方の仕事内容や収入についてさまざま質問してみたのです。

すると、その営業の方は、私が保険の仕事に興味があると勘違いしたらしく、上司の方を紹介してくれたのです。

私は保険の営業に転職するつもりはなかったのですが、

「話だけでも聞いてみたら」

と勧められて、軽い気持ちでその上司の方と面談することになりました。そこで私は自分の学歴と職歴を話したのです。

二回目の面接で告げられたのは、

「君は大卒ではないから、うちの会社に入社することはできない。本当にやる気があるなら、大学の夜学に通ったら」

と、大学の夜学に通学することを勧められたのです。これにはさすがの私も閉口しました。

「なぜ面接の前に、学歴などの必要最低限の条件を確認してくれなかったのだ」と……。このときに、学歴社会はまだ立派に生きていると身にしみて感じ、さらに学歴コンプレックスがひどくなりました。そして、

「学歴が関係ないところで仕事をしていきたい」という思いを、心の奥に抱くようになったのです。

8 ネットオークションで感じた「商売って面白い」

二〇代半ばから、ヤフーオークションで身の回りの物を売買してきたことはすでに述べたとおりです。そのときに、

「商売とはこういうものか」

と、初心者なりにその面白さに気づいたことがありました。

私は子どものころからオートバイが好きだったのですが、二〇代の半ばのころに、少年時代に憧れていたヤマハのＲＺ２５０Ｒという二サイクルのオートバイを購入しました。

ところが、そのＲＺ２５０Ｒのマフラーを支える手のひら大のアルミパーツを、誤って二個買ってしまったのです。必要なのは一個だけでしたから、もう一個が余ってしまいました。仕方なく、きれいなパーツを自分のバイクに取り付け、残ったパーツを掃除

して磨き、オークションに出品したのです。アルミですから、磨きあげるとそのパーツは見違えるようにきれいになりました。

ヤフーオークションに出品してしばらくして、買い手が決まりました。ところが、なんとそのパーツは自分が落札した購入価格の二倍以上の金額で売れたのです。

このとき、おぼろげながら気づきました。

「商品に付加価値をつける（この場合は、きれいに磨きあげた）ことで、お客さまはその付加価値に対して惜しげもなく対価を払ってくださるのだ」

と――。

このような経験を通して、「商売って、面白いなぁ」と感じたのです。

PART5
まとめ

3大コンプレックス「貧乏」「学歴」「内向的な性格」をバネにする秘訣

1 「ぜったいに貧乏はしない」を原動力に仕事する！

2 「学歴」が関係しないのは、自分が社長になること！

3 「内向的な性格」にピッタリだったシステムエンジニア！

仕事選びのアドバイス

1 アルバイトは頑張っても時給だけ

2 自分から進んで取り組む仕事は苦にならない

3 自分にとって「面白い商売」を探そう

おわりに

本書は、

「私のような凡人でも、起業して地道に働いてきたことで、ここまで成長できますよ」

ということをお伝えしたものです。

これから起業されようとしている方や、起業されて間もない方に、少しでも参考になればこれ以上うれしいことはありません。

高卒、口下手、営業力なしで人見知りの凡人でも、インターネット通販という業種を選択したことで、ある程度のところまではきました。しかし、やはり上には尊敬する経営者の方々がたくさんいらっしゃいますので、少しでもその方たちに近づけるように頑張っていこうと思います。


この本では、自分の短所ばかりを伝えて、あまり長所を書きませんでした。

私の長所として一つだけ言えるのは、

「常に行動が大事だ」

と思ってやってきたことです。

例えば、ある問題が持ち上がった時に、頭のよい評論家はその解決方法を頭で考えて「こうすればいいんだよ」と教えてくれたりしますが、頭で考えたものと実際にやってみて体感したり経験したものとでは、雲泥の差があります。

もちろん、後者の方が自分の身につき、一生の財産となります。

昨今の情報社会の中で、ノウハウや知恵をお持ちの方はたくさんいますが、ほとんどの方はそれを生かせずに行動しきれていません。これはとてももったいないことだと思います。

頭でっかちになって、行動しない。頭だけで結果を予測して、結局、何の行動も起こさない。こういう人が結構多いのです。

私の場合は、何も知らないところから起業しましたので、まず見栄を捨て、素直に先人の教えを聞いて、行動することに努めました。

確かに、行動すると失敗し、痛い目にあうこともあるのですが、それにもだんだんと慣れてきます。そして、行動したことが吉と出るようになると、その成功体験がモチベーションアップにつながり、次に向かって弾みがつくようになるのです。

私はつくづく思うことがあります。それは、

「成功する度合いは、行動力が多いか少ないかで決まる」

ということです。この先も、この考え方は変わらないだろうと思います。


最後になりましたが、常日頃仕事の相談に乗っていただき、この本を書くことを勧めてくださった増田裕介さまと酒見和将さま、また、会社経営についてさまざまなアドバイスと学びの場を提供してくださっている池本克之さまにこの場をお借りして心よりお礼を申し上げます。

そして、刊行をお引き受けくださり、原稿をまとめるにあたっては何度も足を運んで励ましてくださったとりい書房の大西強司さまと編集者の高木香織さんには大変お世話になりました。ありがとうございました。


本書が、あなたの一歩を踏み出すきっかけになることを願い、筆を置きたいと思います。

新井賢二

インターネット通販のエモーションズ

テレビの壁掛け金具のインターネット販売のパイオニアとして、専門店ならではの深い知識でお客さまをサポートします。

テレビは壁に掛けることによって、

・省スペース化（部屋がすっきり広く使えます！）

・耐震性アップ（壁にしっかりついているので転倒しません！）

などうれしい利点があります。

天吊りタイプ、つっぱり棒で窓に掛けられるタイプなどもご用意しています。

テレビ壁掛け金具のほか、オーディオスピーカー用金具からプロジェクター取付金具まで、幅広くご用意。

創業以来、落下件数0件という実績が信頼を物語っています。

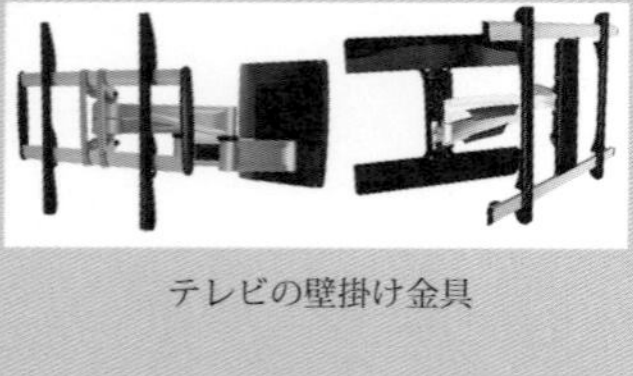

テレビの壁掛け金具

emotions

2018年4月現在 / エモーションズHPトップ

●壁掛け金具の販売を通して、関わるすべての方々にEMOTION(感動)を提供し、感動を分かち合います

https://www.emotions.co.jp/

テレビの壁掛け金具からエアーポールまでエモーションズの取扱商品をご紹介

2018年4月現在 / カベヤ本店HPトップ

https://www.kabekake.jp/

テレビ壁掛けが初めてでもOK！
一般向け壁掛け金具通販サイト
「カベヤ」

2018年4月現在 / エース・オブ・パーツHPトップ

http://www.ace-of-parts.com/

プロフェッショナル向け壁掛け金具
通販サイト「エース・オブ・パーツ」

組織学習経営コンサルタント　**池本克之公式サイト**

https://www.ikemotokatsuyuki.net/

著者　新井賢二（あらい　けんじ）

1988年（昭和63年）都立府中西高等学校　卒業。
大学入学を目指すも一浪して断念し、以後主にプログラマー、
システムエンジニアに従事し、所属会社の吸収合併を機に、
2006年（平成18年）独立起業。
それまでの経験を活かし、システムエンジニアの請負業と、
通販の２本立てで営業するもその後、通販事業のみを運営し
ている。

エモーションズ株式会社
〒214-0032
神奈川県川崎市多摩区枡形2-1-17 岩本ビル4F
ホームページ https://www.emotions.co.jp/

凡人でもできる！　ネット通販で
10年以上安定して稼ぐ起業・経営術

2018年6月26日　初版発行

著　　者　新井賢二
発 行 人　大西京子
制　　作　とりい書房第二編集部・むくデザイン事務所
構成・編集協力　高木香織
D T P　Kオフィス
カバーデザイン　ピッコロハウス
発 行 元　とりい書房
〒164-0013　東京都中野区弥生町2–13–9
TEL 03-5351-5990
ホームページ　http://www.toriishobo.co.jp

印 刷 所　音羽印刷株式会社

ISBN978-4-86334-104-3
Printed in Japan